Conta de
mentiroso

Roberto DaMatta

Conta de mentiroso
Sete ensaios de antropologia brasileira

Copyright © 1993 by Roberto DaMatta

Direitos desta edição reservados à
EDITORA ROCCO LTDA.
Av. Presidente Wilson, 231 – 8º andar
20030-021 – Rio de Janeiro – RJ
Tel.: (21) 3525-2000 – Fax: (21) 3525-2001
rocco@rocco.com.br/www.rocco.com.br

Printed in Brazil/Impresso no Brasil

preparação de originais: LENY CORDEIRO

CIP-Brasil. Catalogação na fonte.
Sindicato Nacional dos Editores de Livros, RJ.

D162c DaMatta, Roberto, 1936-
     Conta de mentiroso: sete ensaios
  de antropologia brasileira/Roberto DaMatta.
  – Rio de Janeiro: Rocco, 1993.
  14x21cm

  Bibliografia
  ISBN 85-325-0387-X

  1. Antropologia social – Brasil.
  2. Características nacionais brasileiras.
  I. Título.

93-0012

CDD–306
CDU–39(81)

O texto deste livro obedece às normas do
Acordo Ortográfico da Língua Portuguesa

Para Conrad e Betty Kottak, Carlos Roberto
Maciel Levy e Elizabeth Peixoto,
e Samuel e Erika Valenzuela,
meus amigos.

Em memória de Gilberto Freyre,
na dívida da saudade.

Em memória de Ernani Gabriel Reis de Andrade
Santos (Naninho) e Maria Zélia Sá Fortes (Zelinha),
com a saudade e a poeira das estrelas do
céu aveludado de Juiz de Fora.

Para Luiz Heleno de Mendonça Vianna
na sua lealdade e amizade.

A mentira é tanto melhor quanto mais parece verdade; e tanto mais agrada quanto mais tem de duvidoso e possível.

MIGUEL DE CERVANTES

Esse Brasil lindo e trigueiro,
É o meu Brasil, brasileiro,
terra de samba e pandeiro.

ARY BARROSO

O Brasil não é para principiantes.

TOM JOBIM

Sumário

Prefácio 11

1. Antropologia da saudade 17

2. A obra literária como etnografia: notas sobre
   as relações entre literatura e antropologia 39

3. O poder mágico da música de Carnaval
   (Decifrando "Mamãe eu quero") 67

4. Em torno da representação de natureza no Brasil:
   pensamentos, fantasias e divagações 103

5. Para uma antropologia da tradição brasileira
   (ou: a virtude está no meio) 141

6. Em torno da matriz cultural da inflação:
   notas sobre inflação, sociedade e cidadania 171

7. Os discursos da violência no Brasil 199

Referências 225

Prefácio

Foi somente quando terminei a revisão desses trabalhos que me dei conta estar diante de um benfazejo número sete. Sete, que é número das portas que guardam (e abrem) as igrejas miraculosas e os mercados mágicos. Sete, que é um número primo indivisível e que remete às chagas de Cristo e aos punhais do sofrimento cravados no coração de Maria Santíssima. Sete, que multiplicado por setenta é pouco, conforme lembrou Jesus Cristo a Pedro,[1] para perdoar aqueles que nos ofenderam... Finalmente, sete, que é velha conta de mentiroso, cujos casos, como esses que também conto aqui, nunca se repartem em parelha, e sempre deixam um conto de fora, como o rabo do gato preto a denunciar a mentira do criminoso.

Sete, que também se afina com a antropologia social que pratico, pois como dizia um velho e sábio colega meu: "Podemos não mentir, mas enfeitamos, dando vida nova a gestos, ideias e condutas que ninguém viu (ou ouviu) como importantes." Ou, como dizia o grande Max Weber, praticamos a ampliação ou a caricatura da "verdade", já que, para ele, nossa profissão é exagerar. E exage-

---

[1] Em Mateus 18:21.

rar, como sabem as crianças e os caçadores, só é lorota para quem está fora da roda e com fundamental quadradice dispensa o exercício da fantasia e da imaginação, pensando que existe mesmo uma "realidade" veraz, pura e intocável que as "narrativas" e "representações" sempre deformam. Para mim, entretanto, que sempre soube que o modelo é a realidade e que a palavra é – como dizia Thomas Mann – mais importante do que a vida, o exagero, a ritualização do mundo e o recorte intencional sempre foram os ingredientes sem os quais não há nem antropologia social, nem drama, tesão ou sentido.

Sete, portanto, forma, nesta minha conta de mentiroso, esse conjunto de ensaios devotados ao entendimento da sociedade brasileira através da saudade, da literatura, da música de Carnaval, da natureza, da tradição, da inflação e da violência. Com exceção dos ensaios sobre literatura, violência e sobre a saudade – aqui publicados com radicais modificações –, todos os outros capítulos são inéditos, tendo sido apresentados em seminários e palestras, para um público restrito.

Embora esses trabalhos tratem de assuntos diversos e muito afastados uns dos outros, há um fio que os une. Pois todos se juntam pelo prisma de uma interpretação do Brasil. Uma interpretação que experimentei há precisamente doze anos, quando escrevi *Carnavais, malandros e heróis* e achei ter vislumbrado um dilema no modo pelo qual juntávamos, sem querer saber (ou sabendo), hierarquia e igualdade, holismo e individualismo moderno, inventando um estilo de vida marcado por múltiplas éticas e por mapas contraditórios de navegação social.

No espaço ritualístico enganador de um prefácio, quero apenas sublinhar que o leitor tem diante dos olhos "ensaios". Menos do que tentativas de demonstração cabal ou científica de experimentos culturais ou sociológicos, ele terá para ler um conjunto de vislumbres, perspectivas e enquadramentos que, amalgamados à

PREFÁCIO 13

minha fantasia e permeados pela minha imaginação antropológica, literalmente "ensaiam" mediunizar um esclarecimento do Brasil como nação, estilo de vida e sociedade. Como não tenho vocação cabal para o trágico sociológico, não direi grandiosamente que espero ter resolvido algum problema ou melhorado a compreensão de alguma questão. A vantagem de escrever ensaios é como a de fazer amor: a gente tem mais prazer em fazer do que em dissertar como fez. Neste sentido preciso, essa atitude é mais uma prova de fidelidade a um certo estilo de antropologia social e da minha obsessão pela sociedade brasileira.

Na oportunidade em que publico estes trabalhos, quero primeiramente agradecer ao Departamento de Antropologia e ao Kellogg Institute da Universidade de Notre Dame, onde tenho ensinado desde 1987, o semestre *sabático* que me proporcionou tempo para alinhavar essas sete peças. Quero, pois, mencionar explicitamente o professor Guillermo O'Donnell, diretor acadêmico do Helen Kellogg Institute for International Studies, o Reverendíssimo Padre Ernest Bartell, c.s.c., diretor executivo da mesma instituição, pela confiança em mim depositada. A cátedra que tenho a honra de ocupar, The Reverend Edmund P. Joyce., c.s.c. Chair of Anthropology, garantiu generosamente fundos para as investigações que culminaram neste livro, pelo que sou igualmente muito agradecido.

Quero também historiar brevemente cada um dos meus sete capítulos, o que permitirá ao leitor avaliar sua constituição original e, ao autor, dar créditos às instituições e pessoas que eventualmente ajudaram no processo de sua criação. Assim, o ensaio sobre a saudade, que forma o capítulo 1, nasceu de um seminário no Instituto Joaquim Nabuco (Recife) num inesquecível 9 de abril de 1984, apresentação que contou com o generoso e entusiasmado aval de Gilberto Freyre. Posteriormente, graças ao convite do amigo e colega Roque Laraia, então presidente da Associação Brasileira de Antropologia, o trabalho foi apresentado como conferência na 18ª Reunião Anual da ABA, em Belo Horizonte, em 12 de abril de 1992.

O capítulo 2, sobre as relações entre a antropologia e a literatura, foi originalmente apresentado no simpósio *Luso-Brazilian Literatures: A Socio-Critical Approach*, organizado pelo departamento de português e espanhol da Universidade de Minnesota em Minneapolis, em 22 de outubro de 1988. Posteriormente, o ensaio foi publicado no livro *Toward Socio-Criticism*, organizado pelo professor Roberto Reis, a quem agradeço o convite e os comentários feitos ao trabalho.

O capítulo 3, sobre a música de Carnaval, é parte de um estudo mais inclusivo, iniciado formalmente em 1986, com uma generosa *fellowship* da Fundação Guggenheim, cujo objetivo foi estudar, a partir de um plano socioantropológico, aspectos da música popular brasileira. Originalmente deflagrado como um pequeno ensaio em junho de 1984, quando dele apresentei uma versão preliminar no Primeiro Festival de Civilização Musical, em Nice, graças ao auxílio mencionado, ele agora toma uma forma mais acabada. Deste ensaio vale registrar que seu título se inspira no influente ensaio do professor Stanley Tambiah, da Universidade de Harvard, *The Magic Power of Words* (Cf. Tambiah, 1985). Por outro lado, quero mencionar que a ideia de estudar sociologicamente a música brasileira muito deve a um ensaio pioneiro de Manuel Tosta Berlink (Cf. Berlink, 1976).

O capítulo 4 nasceu de um convite da Association Descartes, e foi lido no seminário *Société, Culture et Environnement*, realizado em Paris em 28 de janeiro de 1992. Na sua elaboração contei com a ajuda dos professores Lívia Barbosa, Marco Antônio da Silva Mello e Roberto Kant de Lima, todos do influente Departamento de Antropologia da Universidade Federal Fluminense. A mestra Elena Soárez não só me deu força para enfrentar um

PREFÁCIO 15

tema tão naturalmente oceânico, como teve a generosidade de dividir comigo dados de sua pesquisa sobre o jogo do bicho no Rio de Janeiro.

O capítulo 5 é a versão final de um trabalho originalmente apresentado na conferência *Latin America: Paths Toward Ideological Reconstruction*, promovida pelo Latin American Program do Woodrow Wilson Center for International Scholars, em 5 de março de 1986, em Washington, D.C. Encorajado, como sempre, por Richard Morse, que a organizou, modifiquei a conferência original e a reapresentei como palestra na comemoração dos vinte anos do Programa de Pós-Graduação em Antropologia Social do Museu Nacional da Universidade Federal do Rio de Janeiro, em 28 de junho de 1988.

O ensaio sobre a inflação foi escrito para o seminário *Inflação, cotidiano e cidadania*, realizado em 6 e 7 de novembro de 1991, organizado pelos departamentos de Economia e de Ciência Política da Universidade Federal Fluminense, em Niterói. Nesta ocasião foram pioneiramente discutidos – por economistas, sociólogos, psicanalistas e antropólogos – aspectos ideológicos da besta inflacionária. Posteriormente, apresentei versões mais elaboradas deste ensaio no Instituto de Ciências Humanas da Unicamp e no Cebrap. Quero agradecer às professoras Lívia Barbosa e Maria Antônia Leopoldi pelo convite e pelas heroicas medidas que me permitiram tomar parte nesta importante reunião. Quero também mencionar o nome do Dr. Edward Amadeo, economista da PUC do Rio de Janeiro, cujo encorajamento me foi muito importante.

Meu derradeiro capítulo é uma versão bastante modificada de um ensaio sobre a violência no Brasil, apresentada no 5º Encontro Anual da Associação Nacional de Pós-Graduação e Pesquisa em Ciências Sociais, em 22 de outubro de 1981, e posteriormente publicada no livro organizado pelo professor Paulo Sérgio Pinheiro intitulado *Violência brasileira*.

Finalmente, quero mais uma vez agradecer do fundo do meu coração o apoio que recebi de minha mulher e companheira de vida e trabalho, Celeste, durante todo o período em que transitamos entre Niterói, Rio e São Paulo, na fase em que realizei ao seu lado este e outros trabalhos. Este foi um dos momentos mais ricos de minha vida. Instante marcado por uma gratificante reconciliação com velhos mestres, amigos leais e valores perenes. Oxalá essas "mentiras" que aqui alinhavo com certa pompa e circunstância testemunhem a minha ternura e o meu amor por todas essas pessoas que, junto com minha família, meus netinhos e a antropologia que honradamente pratico, constituem o tesouro de minha vida.

Jardim Ubá, 12 de agosto
e 29 de dezembro de 1992
RDM

1
Antropologia da saudade

Na realidade, nunca estamos sós.
MAURICE HALBWACHS[1]

Fazer uma antropologia da saudade é tentar compreender as categorias que comandam o intelecto e a ação, a teoria e a prática, o evento e a estrutura, num estilo de sociologia que deixa saudade. No fundo desejo realizar uma antropologia que mostre a sociedade não apenas como sistema econômico ou político, mas como uma totalidade complexa que *às vezes* se revela por inteiro: iluminada e reflexivamente. E a saudade é uma categoria mestra em promover esses momentos que surgem quando falamos: "que saudade do Brasil!"; "que saudade dessa instigadora bagunça brasileira!"; "que saudade de falar aquela língua que é como o ar que eu respiro e de comer aquela comida que, além de me nutrir, traz à tona gostos e cheiros que estão enfurnados dentro do meu ser!"; "que saudade daquelas pessoas que tanto amei e ainda amo, mas cuja perda devo (e *quero*) renovar pela saudade, porque é isso que constitui a minha biografia no sentido mais concreto e mais dramático do termo: aquele que diz que a vida é mesmo uma passagem e que todos (re)vivemos (re)fazendo – saudosa e pacientemente – memórias.

---

[1] Cf. *A memória coletiva*. São Paulo, Editora Vértice.

Saudade de uma antropologia que se preocupa com a polissemia como propriedade fundamental da vida coletiva. Antropologia muito certa de que, como dizia Marcel Mauss, apesar de todos os inventários e de todas as teorias, existirão ainda, para serem descobertas e contempladas, "muitas luas mortas, ou pálidas, ou obscuras, no firmamento da razão".[2]

Tenho saudade desta antropologia não por saber que a história se faz por meio de contraditórias intenções e de uma multidão de fantasmas ancestrais que noite e dia seguram nosso pé e tiram o nosso sono. Mas porque estou seguro de que é possível praticar uma antropologia que, a despeito de pretender enquadrar logicamente o dar e o receber, sabe que as trocas também se balizam por sentimentos e intensidades inefáveis. Saudade de uma antropologia que conhece o dilema weberiano segundo o qual o bem nem sempre produz o bem, e o mal, o mal. Tal como boas intenções não fazem boa literatura e que chaves complicadas nem sempre abrem as fechaduras. Um fuxico traiçoeiro pode motivar tanto a paranoia paralisante quanto uma excelente síndrome de Conde de Monte Cristo: uma fantástica determinação vingativo-criativa.

Saudade, finalmente, de uma antropologia que deseja ser uma viagem para dentro da sociedade. Antropologia que bem sabe que estudar uma sociedade é ter a humildade para penetrar naquilo que existia antes de nós e que certamente vai permanecer depois de nossa partida. Uma antropologia que, como disse Gilberto Freyre, "é um meio de nos sentirmos nos outros", e que "se estuda tocando em nervos". Que é, acima de tudo, "uma aventura de sensibilidade, não apenas um esforço de pesquisa pelos arquivos".[3]

---

[2] Cf. a Introdução à obra de Marcel Mauss por Claude Lévi-Strauss, em *Ensaio sobre a dádiva*. Lisboa: Edições 70.

[3] Cf. Prefácio à primeira edição de *Casa-grande & senzala*. Rio de Janeiro: Record, 27ª edição.

Minha intenção é pôr a saudade no horizonte da reflexão sociológica brasileira como uma categoria básica da nossa existência coletiva. Que depois se façam as correções de curso (citando meu trabalho ou não), como tem ocorrido com os meus estudos do Carnaval, do individualismo à brasileira, da ética autoritária contida no "sabe com quem está falando?" e da ambiguidade como valor.

Só não erra quem não faz. Tal como a saudade: só quem não a sente é quem não vive...

II

O que quero, então, com essa antropologia da saudade?

Primeiro, quero praticar uma antropologia na qual a comparação entre sociedades seja fundamental. Ao contrário do que alguns afirmam, penso que a hegemonia, a padronização e a uniformidade – e a consequente ausência de segmentação e de complementaridade – são um ideal e um mito moderno. Mas mesmo tentando implementá-lo e, sobretudo, vivê-lo, a sociedade tem sempre muitas formas de representar-se a si mesma e assim confrontar-se. Ou, para parafrasear Clifford Geertz,[4] de ver-se a si própria nos seus espelhos. De comer-se na sua própria comida e de ouvir-se na sua música. De manifestar-se pelos seus mais variados médiuns e cavalos. Como outras coletividades, o Brasil também apresenta leituras múltiplas e institucionalizadas que fazem, são e exprimem a um só tempo a sua chamada "realidade". Como tenho demonstrado no meu trabalho, há a leitura pela via da casa, mas também há a leitura pela via das leis, da economia, da história e da política.

---

[4] Cf. Clifford Geertz. *A interpretação das culturas*. Rio de Janeiro: Zahar.

Há ainda outras leituras que correm pelo "outro mundo" e por entre as coisas "deste mundo". Leituras através dos dramas, dos conflitos e dos paradoxos (que revelam o choque e a contradição entre as normas e os valores), e visões integradoras e harmoniosas, que abrem a esperança de uma totalização serena de toda a ordem. É o que ocorre quando lemos o Brasil por meio de categorias como a *saudade*, que, situando-se no eixo do tempo, ficam paradoxalmente aquém e além da história, dentro e fora do tempo.

Por tudo isso, estudo a saudade como uma construção cultural e ideológica. Como uma categoria de pensamento e de ação na acepção maussiana do termo, e como uma palavra com capacidade *performativa*, no sentido de John Austin.[5] Uma categoria que – tal como ocorre com palavras de ordem, senhas, juramentos, pragas, obscenidades, xingamentos e promessas –, ao ser dita ou invocada, promove e implica um fazer, um empenho, uma perspectiva ou um compromisso, definindo um estado interno e permitindo ou desculpando uma ação externa.

Observo que tal perspectiva é original, pois nos estudos sobre a saudade, realizados sobretudo em Portugal, a categoria é explicada sobretudo como o resultado de experiências empíricas como as viagens, que, esticando os laços sociais até os seus limites, pretensamente promovem a dor da ausência e dos desejos insatisfeitos. Como disse elegantemente um desses estudiosos, o filósofo Teixeira de Pascoaes: "Desejo e dor fundidos num sentimento dão a saudade."[6] Assim percebida, a saudade é algo que se aprende a partir de um certo evento fortemente vivido. Experiência que se transforma, como diz D. Duarte, no *Leal Conselheiro*, "um sen-

---

[5] Veja-se J. A. Austin, *How to Do Things with Words*. Cambridge: A Harvard Paperback. E também, Stanley Tambiah, "The Magical Power of Words", *Man*, 3:2, pp. 175-208.

[6] Cf. *Filosofia da saudade*. Seleção e organização de Afonso Botelho e Antônio Braz Teixeira, p. 25. Lisboa: Imprensa Nacional – Casa da Moeda.

tido do coração que vem da sensualidade e não da razão".⁷ Nesta perspectiva, um estudioso do assunto, o padre português Antônio Pereira Dias de Magalhães, fala que "o sentimento da saudade é o sentimento da contingência, (da) não saciedade pelo Absoluto". E no famoso texto de D. Francisco Manuel de Mello, escrito em 1676, reafirma-se, antecipando-se ao que seria dito no futuro, que: "Amor e ausência são os pais da saudade"; e logo, é claro, refere-se às viagens ultramarinas como causa para esse sentimento, essa "paixão da alma".

Mas se a saudade é o resultado de uma dada experiência, se ela é causada pela contingência sentimental, pelo amor e pela emoção dilacerante da ausência, por que despertaria tanta reflexão e intensidade? Ou melhor, por que estaria inscrita num universo ideológico de categorias, devendo ser necessariamente apreendida? Por que serviria de marca registrada para uma vestimenta coletiva?

Ao contrário de uma atitude ingenuamente empiricista, que privilegia a experiência individual e psicológica como fonte dos valores, das categorias e da saudade, é fácil descobrir que o peso da palavra se encontra precisamente no conjunto fortíssimo de ideias e atitudes que ela evoca, desperta e *determina*. Descoberta como categoria sociológica e como palavra dotada de profunda "capacidade performativa", a saudade permite subverter esses argumentos de fundo utilitário, baseados no primado da experiência e no utilitarismo burguês contido numa "razão prática",⁸ para afirmar que não são as experiências individuais e fragmentadas do

---

⁷ Cf. *Introdução à saudade*. Organização de Dalila Pereira da Costa e Pinharanda Gomes, p. 18. Porto: Lello & Irmão Editores, 1976.

⁸ É a experiência que faz a saudade, diz a "razão prática"; não a saudade que faz a experiência, como descobre a "razão cultural". Para uma argumentação seminal e crítica sobre o pensamento burguês de uma perspectiva antropológica, veja-se Marshall Sahlins, *Cultura e razão prática*. Rio de Janeiro: Zahar.

amor, da viagem e da ausência que constituiriam a saudade, mas, em vez disso, é a existência social da saudade como foco ideológico e cultural, a permitir um revestimento especial de nossas experiências, que faz com que a sintamos. É a categoria que conduz a uma consciência aguda do sentimento, não o seu contrário. Como disse, melhor do que ninguém, Fernando Pessoa:

> Saudades só portugueses
> Conseguem senti-las bem
> Porque têm essa palavra
> Para dizer que a têm...

Conforme ensina o poeta, é a noção de saudade que nos faz refletir e, sobretudo, sentir com mais vigor, presença e intensidade o nosso amor e a ausência dos entes e das coisas que queremos bem. Ou seja: sei que amo porque tenho saudade. Sei que sinto a falta de um lugar porque dele sinto saudade. De acordo com essa mesma lógica, posso sentir saudade de lugares desconhecidos, nos quais não vivi, mas onde pessoas queridas viveram. Foi assim que desenvolvi uma imensa saudade de uma Manaus que jamais experimentei. Manaus das sorveterias, dos bailes de gala, do Teatro Amazonas decorado por Olympio de Menezes, dos bondes e do Alto de Nazaré, dos porões e sobrados da avenida Joaquim Nabuco, onde moravam (e morei com a saudade dos meus ancestrais) meus avós, pais, tios e primos. Do mesmo modo, quando em visita a Coimbra, no verão de 1980, passei algumas horas no seu Penedo da Saudade, sentindo uma doce nostalgia de pessoas, fatos e coisas que não tinha experimentado, mas que estavam encobertas no manto ideológico e sentimental de uma pungente saudade coletiva que minha consciência social capturava e traduzia em sentimento e palavra. Por tudo isso, conhecemos a desconcertante expressão: "Quando morrer, fulano não vai deixar saudade." O que mostra como a saudade qualifica socialmente eventos, coisas, gostos, pessoas, lugares e relações, independendo obviamente da experiência direta e empírica com eles.

A saudade não seria uma categoria explicável pela trajetória que vai dos *indivíduos* para a *sociedade* por meio de imposições e de negociações que teriam magicamente se cristalizado numa linguagem e numa memória coletiva como reflexo da experiência empírica da perda. Mas, ao contrário, temos na *saudade* uma categoria do espírito humano e, dentro dele, da manifestação de certa estrutura de valores ou ideologia. No caso, da ideologia luso-brasileira. Neste sentido, a *saudade* é um conceito duplo. De um lado ela trata de uma experiência universal, comum a todos os homens em todas as sociedades: a experiência da passagem, da duração, da demarcação e da consciência reflexiva do tempo. De outro, porém, ela singulariza, especifica e aprofunda essa experiência, associando-a a elementos que não estariam presentes em outras modalidades culturais de medir, falar, sentir, classificar e controlar o tempo.

Lendo, pois, a *saudade* como categoria social, começamos a perceber que ela é a expressão de uma concepção específica de tempo. Entretanto, mais do que ser uma forma de estabelecer sulcos externos ou descontinuidades na duração infinita e contínua que nos envolve, como fazem os ponteiros de um relógio ou as folhas de um calendário, a saudade fala do *tempo por dentro*. Da temporalidade como experiência vivida e reversível que cristaliza uma dada qualidade. Assim, pela saudade, podemos invocar e dialogar com pedaços do tempo e, assim fazendo, trazer os momentos especiais e desejados de volta. Por isso a saudade se exprime igualmente como duração que pode ser (re)vivida e (re)experimentada generosa e positivamente. Com isso a saudade acena para uma percepção do tempo como experiência interna, dentro de uma hermenêutica socialmente balizada que passa de geração para geração.

Quando meu avô, no fim da vida, ficava muito deprimido, dizia-se que "estava com saudade". Meu pai ficava horas sentado numa cadeira de balanço, ritualmente saudoso. Eu também posso ser afligido por um "surto de saudade". Como brasileiros falantes de português e membros de uma comunidade histórica luso-brasileira, aprendemos a *sentir saudade*, como aprendemos a brincar Carnaval e a comer feijoada...

Tudo isso demonstra que a *saudade* é dada coletivamente. Ela está dentro e fora de nós, tal como estamos todos dentro (e fora) de uma imensa saudade coletiva que nos engloba e nos faz hesitar e desconfiar das visões muito positivas do futuro, revelando nosso pendor antiburguês e relacional de sistematicamente idealizar o passado, de confrontarmos sempre negativamente passado e futuro, discutindo pouco o lugar do presente e o presente como lugar. Sobretudo do presente como espaço do corre-corre, da rapidez e da pressa, uma dimensão que nos aprisiona numa corrida pelo tempo. Como disse, com sabedoria habitual, Câmara Cascudo: "Socialmente a velocidade é inversamente proporcional à hierarquia. A lentidão é protocolar, litúrgica, dignificante. Não compreendo *majestosamente* no sentido da rapidez. Todo cerimonial é vagaroso. O escravo corre, *servus correntes*, de Terêncio. O Amo anda, grave, compassado, respeitável. Era atributo da Sabedoria romana, *festina lente*, apressa-te lentamente, aconselhava o Imperador Augusto. A Pressa é inimiga da Perfeição. O Gênio é a longa paciência. Pertence a flamulagem à serviçal azáfama. (...) Os mensageiros, duendes subalternos, Anjos, Mercúrio-Hermes, transitam na ligeireza dos movimentos a prontidão da obediência, disciplina, submissão. O ritmo denuncia o nível da Potestade. *God did not create hurry*."[9] Deste modo, preferimos evitar o presente que iguala,

---

[9] Leia-se de Luís da Câmara Cascudo o verbete "Autoridade e pressa", no livro *História dos nossos gestos*, Edições Melhoramentos, 1976.

ANTROPOLOGIA DA SAUDADE

não está definido e tem afinidade com a autonomia individual, a atomização e o conflito, para nos situarmos autoritariamente no amanhã que "será outro dia", ou hierárquica, majestática e saudosamente no ontem que confirma como nossa vida era boa. Tal atitude se inscreve até no nosso hino nacional, que saudosamente canta, como nós, uma "paz no futuro" e uma "glória no passado"...[10]

Esta atitude forjada pelos valores hierárquicos igualmente surge nas *esperas* institucionalizadas em todos os lugares e por *quase* todas as pessoas. Esperamos pacientemente o messias que um dia virá nos salvar; o chefe do escritório que, numa dada hora, irá nos receber; ou o amigo querido que com certeza se atrasou por motivo justo. Mas não esperamos pelo desafeto ou pelo subordinado, que, perdendo a hora, perde a vez. Adotando essa perspectiva, podemos caracterizar o messianismo como movimento que (d)enuncia um tempo socialmente englobado, um tempo de transformações mágicas radicais porque é uma duração localizada, personalizada e definida assimétrica e hierarquicamente. Tempo no qual a temporalidade moderna – uniforme, abstrata e indiferente

---

[10] As sociedades tradicionais, tribais, hierárquicas e relacionais são regidas por uma concepção de tempo cíclico e reversível – uma temporalidade viva, pessoal e instauradora, frequentemente dramatizada pelos seus rituais. Nestas sociedades, a tendência é privilegiar o *passado* e, às vezes, um "futuro" *messianicamente* construído, que reproduzirá o passado místico na sua glória e perfeição. Sobre este assunto, vejam-se as considerações clássicas de Evans-Pritchard em *The Nuer* (Oxford, 1940) e o brilhante ensaio de David Pocock, "The Anthropology of Time-Reckoning", em *Mith and Cosmos* (Nova York, The Natural History Press, 1976). As sociedades modernas, baseadas na igualdade e no individualismo, fundam uma concepção de tempo cronométrico, progressivo, historizável e linear que enfatiza o *presente* em detrimento do passado. (Para importantes considerações sobre a ideia de tempo no nosso sistema, veja-se o clássico ensaio de E. P. Thompson, "Time, Work-Discipline, and Industrial Capitalism", *Past & Present*, nº 38, dez. 1967.) O *presente* é fundamental nestes sistemas, na medida em que sua definição promoverá o *futuro* a que todos almejam e que é visto como dependente do *presente*. O englobamento pelo presente e por um futuro a ele relacionado se liga clara e ineludivelmente à ideia de conflito, fragmentação, contrato e negociação individual. A saudade, como categoria relacional de tempo, pode ser lida como uma ponte entre essas concepções, conforme sugiro aqui.

aos sucessos humanos – é substituída por uma temporalidade diretamente referida às atividades sociais. Temporalidade personalíssima que até hoje faz sua aparição entre nós, quando sabemos que os superiores fazem a hora já que nenhum evento começa antes que cheguem e podem (e devem) se atrasar.

Para nós, assim, estar no topo da sociedade é equivalente a ficar acima e além do tempo. Mas os inferiores são obrigados a esperar precisamente porque estão submetidos às relações e têm uma posição subordinada dentro do tempo, sujeitos que são dos relógios de ponto, que não podem esperar por eles nem na doença, nem na injustiça, nem no famoso atraso do trem. Aliás, seriam esses "donos do tempo" que teriam a capacidade de retardar, adiantar ou inverter os relógios da história, pois, para o pensamento messiânico, são os poderosos que abrem e definem os tempos. Nas sociedades individualistas e igualitárias, por contraste, o tempo é concebido como sendo compartimentalizado, uniforme, impessoal, natural e desencaixado dos lugares, do espaço e dos valores sociais. Tempo que tem autonomia e valor em si mesmo. Tempo linear e cumulativo que "historicamente" engendra instituições e pode mudar para sempre a face da sociedade. Tempo que, como as leis, engloba e submete a todos indistintamente.

Daí essas nossas amnésias que, passado o momento das acusações indignadas, acabam por transformar os criminosos e os maus dirigentes em excelentes pessoas e heróis. Chegamos até mesmo a idealizar positivamente as ditaduras, no afã ingênuo de glorificar um passado idealizado.

A essa altura se descobre que a saudade é a expressão obrigatória de um sentimento. Sabemos da contrariedade implícita nesta ideia que desafia a crença moderna segundo a qual as emoções seriam espontâneas e individuais, frutos de estados internos relativamente livres (os sentimentos), pois que ela mostra, com Marcel

Mauss,[11] como os sentimentos são produzidos pela sociedade e impostos aos seus membros. Da dor ao riso, do amor ao ódio e do esquecimento à saudade, os sentimentos são marcados e impostos pelo sistema que, tal como acontece com as roupas ou as gravatas, nos informa por que os temos, como devemos usá-los e o modo correto pelo qual devemos ser englobados por cada um deles.

Mas seria a saudade algo efetivamente singular ou específico do universo do luso-brasileiro?

Para responder a esta questão, quero recordar um inesquecível aprendizado do ensino fundamental que afirmava ser a *saudade* algo exclusivo da língua portuguesa. Não deixa de ser curioso que seja justamente pela palavra (que dizem que é tudo), e pela palavra *saudade*, que aprendemos a juntar outra vez Brasil e Portugal de modo positivo e até mesmo com certa ponta do que alguns chamariam de ingênuo orgulho. Mas isso é tão importante que até hoje guardo a lembrança daquele momento em que fui ingenuamente informado da nossa posse exclusiva da palavra *saudade*. Lembro-me de que fiquei orgulhoso de ser um falante e um pensante do português e não do francês ou do inglês. Por um breve momento, não pensei na história do Brasil como um conjunto de experiências negativas ou ausentes, na qual tudo marchava para trás, mas vi minha coletividade sob um ângulo positivo. Como comunidade que possuía esse tesouro chamado *saudade*.

Ah! Não seriam só o futebol, a cachaça, o jogo do bicho, o cabotinismo, a roubalheira institucionalizada, o Carnaval de todos os desfiles e de todas as orgias, as leis que não pegam e a malandragem os valores que me singularizavam como ser social. Graças a Deus, não! Havia também a *saudade*, que me permitia pensar

---

[11] Veja-se Marcel Mauss, "L'Expression Obligatoire des Sentiments", in *Oeuvres*, vol. III. Publicado no Brasil em *Mauss*, textos organizados por Roberto Cardoso de Oliveira, Coleção Grandes Cientistas Sociais. São Paulo: Ática.

o mundo de modo integrado e em torno de coisas prazerosas e singulares.

Mas não seria isso tudo uma idealização, uma mistificação e um mito? Neste contexto, vale recordar o "debate" entre o escritor brasileiro Osvaldo Orico e a professora portuguesa Carolina Michaëlis de Vasconcellos, com o primeiro afirmando ser a saudade exclusiva do mundo luso-brasileiro e dona Carolina defendendo o exato oposto.[12]

Estes escritos polêmicos sobre a saudade lembram as crônicas e raivosas discussões antropológicas sobre a natureza de algumas instituições. Estudando, portanto, o debate em torno da saudade, lembrei-me da bem conhecida discussão sobre a natureza do parentesco, ocorrida nos anos 1960, e da não menos célebre e acirrada polêmica em antropologia econômica entre os chamados "formalistas" (que definiam a economia como método e estilo) e os "substantivistas" (que definiam a economia como instituição marcada pelo individualismo e pela autonomia do mercado).

No caso da saudade, Orico diz que se trata de uma palavra ímpar e exclusiva da língua portuguesa. Vasconcellos nega tal posição, afirmando que a saudade é um sentimento universal. Ora, de uma perspectiva mais abrangente, ambos têm razão. Orico e Vasconcellos são, como muitos dos nossos colegas, os dois lados de uma mesma moeda, as duas margens de um mesmo rio, os dois maridos de uma mesma dona Flor. Dona Carolina começou com seu livro, *A saudade portugue*sa, assumindo uma posição aberta-

---

[12] Cf. Carolina Michaëlis de Vasconcellos, *A saudade portuguesa: divagações filológicas e lítero-históricas em volta de Inês de Castro e do canter velho "Saudade Minha – Quando te Veria?"*. Porto: Edição Renascença Portuguesa, 1914; e Osvaldo Orico, *A saudade brasileira*. Rio de Janeiro: Editora S.A. A Noite. Vale lembrar que uma entrevista do escritor português José Saramago para o Caderno Mais da *Folha de S. Paulo*, em 28 de junho de 1992, refaz sem saber a mesma posição de dona Carolina de Vasconcellos, afirmando que a saudade não existe só em português...

mente universalista, para afirmar que a *saudade* tinha equivalentes em outras línguas. No seu *A saudade brasileira*, Orico assume uma postura substantivista e culturalista para explicitar o oposto. Caso tivessem lido alguma antropologia, teriam descoberto que o universal não opõe ao particular, mas o complementa e o ilumina. O contrário é igualmente verdadeiro.

Como um conceito que remete à recordação, à memória e à temporalidade, dona Carolina está certa porque, nesta acepção, a saudade é certamente um termo universal, com muitas equivalências. Mas é preciso não esquecer que ela é também uma categoria sociológica e, como tal, um conceito denotativo, uma relação especial e singular entre presente, passado e futuro. Deste modo, a saudade fala de um tempo universal, mas ela marca e particulariza esse tempo. Neste sentido, a saudade é uma noção de que a cultura portuguesa se apropriou – e esse é o dado cultural mais importante – como algo singular diferente e exclusivamente seu, parte de um *ethos* ou de um estilo de lidar com a duração.

Mas por que, afinal de contas, usamos e valorizamos uma palavra como *saudade* para coisas que poderiam ser designadas por conceitos não marcados?

Joaquim Nabuco, que escreveu algo bonito, sensível e sábio sobre a saudade, disse numa conferência no Colégio Vassar, em 1909, o seguinte:

> Mas como traduzir um sentimento que em língua alguma, a não ser na nossa, se cristalizou numa única palavra? Consideramos e proclamamos esse vocábulo o mais lindo que existe em qualquer idioma, a pérola da linguagem humana. Ele exprime as lembranças tristes da vida, mas também suas esperanças imperecíveis. Os túmulos trazem-no gravado como inscrição: *saudade*. A mensagem dos amantes entre eles é *saudade*. *Saudade* é a mensagem dos ausentes à pátria e aos amigos. *Saudade*, como vedes,

é a hera do coração, presa às suas ruínas e crescendo na própria solidão. Para traduzir-lhe o sentido, precisaríeis, em inglês, de quatro palavras: *remembrance, love, grief* e *longing*. Omitindo uma delas, não se traduziria o sentimento completo. No entanto, saudade não é senão uma nova forma, polida pelas lágrimas, da palavra *soledade*, solidão.

E continua Nabuco com perfeita consciência de que a ideia de saudade é uma configuração específica e uma categoria sociológica:

> É caso singular que só uma raça humana haja destilado da palavra solidão seu efeito na alma; que uma apenas possua palavra para exprimir a dor de uma perda ou da ausência unida ao desejo de tornar a ver e que só uma raça tenha esse sentimento constantemente à flor dos lábios.[13]

Nabuco não estava só. Thomas Ewbank,[14] um missionário norte-americano excepcionalmente sensível que viveu no Rio de Janeiro em meados do século XIX, compreendeu a saudade exatamente como Nabuco. Ele diz:

> Não temos alguma nem meia dúzia de palavras que sejam equivalentes a "saudade". Essa palavra exprime não apenas recordação e boa vontade, mas também amor por alguma coisa e desejo pela mesma. Inclui tudo o que pode significar afeição por um ausente e por esse motivo é habitualmente usada na correspondência entre parentes e amantes.

---

[13] Cf. Joaquim Nabuco, "Lusíadas, epopeia do amor". Conferência na Universidade de Cornell. Em *Obras completas de Joaquim Nabuco*.

[14] Cf. Thomas Ewbank, *A vida no Brasil*. Editora da Universidade de São Paulo/Itatiaia.

Ewbank e Nabuco estão apontando para a extraordinária densidade contida na palavra saudade. Densidade que faz com que ela seja mais do que uma mera palavra. Tal como acontece com a palavra *love*, que na cultura americana é usada para designar gostos, atrações e preferências de todos os tipos. Nos Estados Unidos, conforme demonstrou Hervé Varenne, tem-se *love* para tudo.[15] Como a saudade brasileira, esse "*love*" americano é mais do que o "amor" brasileiro. Lá, o *love* pode ser usado como uma medida para todas as coisas. Nos Estados Unidos pode-se até mesmo amar o amor, como se pode, no Brasil, sentir saudade da saudade. Categorias sociológicas são coisas e, neste sentido, podem criar ou modificar a "realidade". São, como disse, *palavras performativas* que têm a capacidade de juntar significante e significado e possuem a rara capacidade de provocar coisas, transformando-se elas próprias em ação, como ocorre com os conceitos clássicos de mana, glamour, carisma, orenda, hau etc.

Com a saudade, estamos diante de um problema de configuração e de *ethos*. Ou seja, de como uma noção claramente universal – o tempo com sua passagem, sua indiferença, sua duração e sua capacidade evocativa – foi aprofundada com uma intensidade fora do comum pelo uso de uma palavra que passa a ser o veículo de um conjunto complexo de ideias e de uma instituição social. Assim, a palavra saudade, como expressão de temporalidade, deixa de ser um veículo neutro e racional para ser ela própria a realidade da ideia que exprime. Por isso essa palavra é a mais acabada expressão de uma concepção de tempo especial, tempo que deseja ser moderno mas sem abandonar sua qualidade humana e relacional. Um tempo que Gilberto Freyre, no curso de um trabalho pioneiro, chamou de "arcaico". Um tempo com sentido pré-indus-

---

[15] Cf. Hervé Varenne, *Americans Together*, New York: Columbia University Press.

trial, pois que não estava associado à produção econômica ou ao dinheiro e que teria feito os ibéricos ficarem satisfeitos com seus navios vagarosos, logo superados pelas embarcações inglesas, nas quais uma diferente ideia de temporalidade inventa e se concretiza numa tecnologia destinada a implementar a velocidade e, com ela, a precisão e a pontualidade. Tempo português antimoderno, comandado pelos homens e dotado de elasticidade que surge como improvisação, o que, para Gilberto Freyre, seria típico do "*ethos* ibérico".[16]

Tal é a concepção de tempo da saudade. Temporalidade lenta, cuja metáfora não pode ser a do relógio que marca e conta o tempo independentemente dos nossos desejos e, assim fazendo, provoca o *suspense* e a vertigem, mas a da janela que permite ver ao longe uma paisagem. Assim, diz o verso anônimo:

> Da janela da saudade
> Olho o passado à distância
> E vejo a felicidade
> ao lado da minha infância

Janela através da qual se olha e se vê, intacta e distante, uma infância inocente e feliz. Saudade tem uma concretude de coisa que pode ser trazida e levada. Que acompanha o viajante e cabe em malas, bolsas e no nosso coração. Como no poema "Contrabando", de Oswald de Andrade:

> Os alfandegueiros de Santos
> Examinaram minhas malas
> Minhas roupas

---

[16] Veja-se Gilberto Freyre, "On the Iberian Conception of Time", *American Scholar*, 1963, pp. 415-430.

Mas se esqueceram de ver
Que eu trazia no coração
Uma saudade feliz
De Paris

Mas a saudade é também sujeito que fala, tem vida e autonomia, numa demonstração nítida de que é uma categoria que vem da sociedade para dentro de cada um de nós. Categoria que deseja ser, estar e deter o tempo. Nao é, pois, ao acaso a avassaladora associação da saudade com a música. Pois sabemos, graças a Claude Lévi-Strauss, como a música e o mito são mecanismos que pretendem neutralizar e até mesmo suprimir a passagem do tempo. Outra associação recorrente é a da saudade como temporalidade simultânea e paralela, um tempo compacto ou totalizado que nos segue, como sombra, por toda a vida. Junto com tudo isso, a saudade surge também como uma possante voz do passado. Voz que situa negativamente o presente. Assim, na poesia de Júlia de Sá:

Saudade é voz do passado
E tristeza do presente
Segue o tempo, lado a lado
A falar dentro da gente.

Temos aqui saudade como uma pessoa viva e falante. Pessoa que demanda e persegue. E também como modalidade de tempo que, acentuando o passado, apresenta uma memória alternativa daquela visão de tempo e de história certamente mais formal, otimista e "crítica", que se estampa nos estudos sobre o tempo feitos por eminentes sociólogos e historiadores franceses e ingleses como Halbwachs, George Gurvitch e E. P. Thompson. Esses estudos revelam a passagem de uma memória que penetrava todos os espaços sociais – uma memória embebida – para uma memória reificada num tempo-espaço linear, irreversível, urbano, externo e marcado por eventos fundadores bem estabelecidos (porque registrados). Memória oficializada que sempre revela o progresso e que a coletividade representada pela escolaridade obrigatória não deixa esquecer. Tempo burguês e nacional que, como dizia Renan, é nacional justamente porque é capaz de propor e forçar um esquecer conjunto e sincronizado. De fato, quem ousaria esquecer o Sete de Setembro, o 15 de Novembro, a Semana Santa, o Carnaval e o Natal?

Mas essa voz interior da saudade não é uma memória jurídica ou política, da qual supomos ter controle – racional, progressista e irreversível –, mas uma memória encarnada e personalizada. Memória que revela nossa desconfiança nesta história destinada a trazer progresso e justiça social, porque nossa experiência mais profunda com o tempo coletivo indica retornos, reversões e recursividades cíclicas que nos obrigam a assistir ao mesmo filme muitas vezes. Como se fosse impossível exorcizarmos fantasmas do passado.

Talvez tenha sido Fernando Pessoa quem melhor capturou essa forma concreta e reificada de memória que a saudade permite atualizar, quando disse:

> Depois do dia vem noite
> Depois da noite vem dia
> E depois de ter saudades...
> Vêm as saudades que havia.

Essa seria uma memória construída a partir de uma topografia sentimental na qual as relações sociais são, como o dia e a noite, a chuva e a seca, alternadas e cíclicas. Um espaço que se deseja ingênuo, inocente, despretensioso, amoroso e certamente *caseiro*.

Um espaço que recusa discursos complicados, anotações oficiais, escritas pomposas, e aquela linearidade que comanda absoluta o mundo moderno. Deste modo, o discurso da saudade se centra numa temporalidade da casa, que, resistindo aos tempos históricos da rua, fala não de eventos revolucionários ou sediciosos, de fatos cruciais ou de datas nacionais irreversíveis e capazes de trazerem a mudança, mas "d'a aurora da minha vida/da minha infância querida/que os anos não trazem mais!"

Tal espaço teria a marca do sangue, do calor e da vida compartilhada e entrelaçada. Vida na qual a privacidade não é hábito nem direito. É, sobretudo, intimidade. Intimidade que sustenta zonas nas quais o tempo do mundo burguês – essa temporalidade englobada pelo mercado e marcada pelo dinheiro, pois dentro dela o tempo pode ser comprado, vendido, esbanjado ou poupado, um tempo persuasivo ou coercitivo[17] – cede lugar a uma duração poeticamente vivida e esteticamente apreendida. Um tempo que pode ser bom ou mau, feio ou bonito, parco ou farto, doce ou amargo, muito longo ou muito curto. Um tempo que pode ser apreciado e até mesmo, conforme afirmam os poetas, vivido novamente. Um tempo que é também pessoa e coisa. Tal é a dimensão na qual – dependendo de quem recorda quem e o quê – a história pode virar estória, "caso", anedota, mentira ou pura poesia.

Lugar onde o passado facilmente se converte em presente pela presença de um tio ou avô: retrato amarelado e roído de vermes, como naqueles pungentes versos de Drummond:

> Um verme começou a roer as sobrecasacas indiferentes
> E roeu as páginas, as dedicatórias e mesmo a poeira
>   dos retratos,

---

[17] Como diz Norbert Elias no seu ensaio *Sobre el Tiempo*. México: Fondo de Cultura Económica, 1989.

Só não roeu o imortal soluço de vida que rebentava
Que rebentava daquelas páginas!

Tal é o tempo que corre como lágrima pelos espaços íntimos da casa. Casa que passa pelo tempo que tudo destrói, menos a vida contida pela teia de relações que constituem o nosso mundo social. Esses elos que, apesar do nosso individualismo e cosmopolitismo, ainda nos dobram e nos obrigam a fazer e a dizer coisas que não queremos e sabemos.

É certamente nesse espaço relacional que se pode encontrar a chave de uma antropologia da saudade. Porque nele as pessoas desaparecem, mas as relações ficam. Como disse em outro lugar, no Brasil a morte mata, mas os mortos, pela força dos elos que temos com todos eles, não morrem.[18] E aí está a saudade como um operador paradoxal que permite transformar a perda em felicidade. Ou, para ficar novamente com os poetas, no caso Manuel Bandeira:

Choras sem compreenderes que a saudade
É um bem maior que a felicidade.
Porque é a felicidade que ficou!

Neste sentido, a ideia luso-brasileira de saudade mostra uma ineludível desconfiança dos esquemas burgueses que desdenham do passado e apontam para o futuro como um modo privilegiado e exclusivo de temporalidade. Menos que um futuro linear, cientificamente planificado, agendado e desencantado, a saudade fala do tempo como pleno de pessoalidade e encantamento. Menos que um tempo de processos impessoais e máquinas; mais um tem-

---

[18] Veja-se o meu ensaio, "A morte e os mortos no Brasil", publicado em *A casa & a rua*. Rio de Janeiro: Editora Guanabara.

po de pessoas e de milagres. Essa a temporalidade que permitiu ao padre Vieira escrever uma história do futuro, e a qualquer criança de quatro anos saber – antes mesmo de ter memória pessoal – o que é sentir saudade.

Daí essa imensa saudade da saudade de que falam os poetas.[19] Essa temporalidade encantada que nos contamina e, quem sabe, constitui – apesar de tudo – uma das nossas mais fortes razões de viver. Não porque seja a mais adequada ou a mais perfeita, mas simplesmente porque é o nosso modo de ler a perda, a velhice e a nossa inexorável passagem pelo tempo. Essa maravilhosa saudade que permite (re)ligar este mundo com o outro e o passado com o presente. E assim fazendo é, efetivamente, um dos poucos valores positivos, um desses tesouros, que temos sem saber e sem pensar.

São Paulo e Jardim Ubá,
maio e julho de 1992

---

[19] Neste contexto, é impossível esquecer o verso de Gilka Machado: "Ao teu lado querido/que saudade da saudade!..."

2
A obra literária como etnografia: notas sobre as relações entre literatura e antropologia

Neste trabalho pretendo recapitular algumas tentativas de usar textos literários como peças etnográficas – descrições de sociedades –, suspendendo deliberadamente o juízo para as importantes e difíceis questões poéticas que todo texto classificado como literário apresenta. Quer dizer, nos estudos sociológicos da literatura que realizei, tomei algumas obras literárias sem ponderar muito sobre a sua "genealogia literária", ou refletir mais detidamente sobre o contexto histórico que as engendrou e que elas ajudaram a definir e a compreender. Antes, eu as estudei pelo seu lado mais paradoxal e denso, prestando maior atenção à "história" que se concretizava aos meus olhos de leitor deliberadamente desavisado e ao modo pelo qual revelava atividades e valores que serviam para dar sentido à sociedade brasileira. Nesta perspectiva, tomei as peças literárias como narrativas míticas, como momentos em que a sociedade falava para si mesma. Assim fazendo, segui uma tradição antropológica comparativista que ensina serem os "mitos" não apenas parte ou parcela das sociedades (seus reflexos ou produtos, de acordo com a velha postura), mas a própria sociedade representada por meio de certo código.

O que é, afinal de contas, o Brasil? Embora existam pressões para limitar a resposta a umas tantas perspectivas, sabemos que há infinitas maneiras de responder a essa questão. Posso responder mostrando um conjunto de estatísticas sobre a composição demográfica e econômica das várias regiões brasileiras; posso apresentar uma periodização da história pátria; posso invocar um conjunto de textos legais encadeados historicamente ou falar dos modos pelos quais se ritualizam a vida e a morte no Brasil. Posso também cantar e dançar um samba, recitar uma poesia, citar um estudo sociológico, dar uma receita de comida, contar uma anedota e invocar um gosto ou um cheiro.[1] Existiria algum "Brasil" fora destas formas de contar? Ou seria o Brasil esses diversos modos de se falar dele para si e para os outros? Para os homens e para as mulheres? Para os pobres e para os ricos?

Agora se descobre que cada uma dessas perspectivas é uma autêntica representação do "Brasil" que – tal e qual um "espírito" – pode se manifestar por meio de múltiplos veículos, médiuns ou cavalos. Poder-se-ia dizer que somente quando assim "invocada" uma sociedade se permitiria uma espécie de plena "visibilidade". Não haveria, portanto, uma perspectiva mais "verdadeira" ou mais "real", mais "política" ou menos "política" de exprimir o Brasil ou, para ser fiel a certa tradição sociológica, de "representá-lo". Num certo sentido o "Brasil" seria uma resultante complexa de tudo

---

[1] Estou obviamente caminhando do mais aceitável e estabelecido para o mais fora do comum. Realmente, hoje fala-se muito mais do Brasil por meio de números (e de dólares!) do que por meio de poesia e música. Mas há momentos em que esses médiuns são mais adequados, como ocorreu durante os anos 1940, em plena Segunda Guerra Mundial. Ou durante as Copas do Mundo de Futebol, especialmente aquelas em que fomos vencedores. No meu trabalho, tenho acentuado que há uma tendência de definir o Brasil por meio de um idioma oficial e por intermédio de um código familiar, uma linguagem do dia a dia e da casa. Mas, neste contexto, vale salientar por que não temos uma "antropologia do cheiro" ou do gosto. A resposta de que estas seriam "emoções" mais sutis não funciona. Nada é mais rarefeito do que o "amor" (que, como diz o poeta: "se dissolve à luz da manhã") ou "ódio", que muda com a situação. E, no entanto, temos bibliotecas sobre esses assuntos.

o que é usado explicitamente para representá-lo e de tudo o que fica no fundo (e no "inconsciente"), aguardando sua hora e sua vez de surgir, mas sempre pressionando para aparecer.

É neste jogo de lembrança e esquecimento, memória viva e "lembrança morta", dado explícito e fato implícito (e, às vezes, reprimido) que se funda a dialética das representações e das identidades sociais, conforme discuti brevemente na apresentação do meu livro *O que faz o brasil, Brasil?*. Seria isso uma prova cabal de que cabe aos homens dar sentido ao mundo? Sim e não, porque se uma sociedade é feita de indivíduos, ela não pode – conforme dizia Durkheim (Cf. Durkheim, 1912 [1961]) – ser reduzida às suas partes. Ela é, por concepção e natureza, um elemento englobador e inesgotável porque a sociedade – como Deus – é simplesmente o centro do sentido. Mas seriam essas possibilidades diversas de representação "prova" de uma inevitável fragmentação universalista e cosmopolita, tão a gosto de uma ciência social inspirada (talvez sem o saber) nos postulados do individualismo utilitarista? Creio que não. Descobrir que uma sociedade pode ser invocada por meio de muitas vozes, perspectivas ou textos não significa que ela não possa ter uma visão integrada de si mesma – e que, por isso mesmo, não tenha estabelecido modos de falar de si própria que ela toma como mais adequados ou mais corretos. É a sociedade que estabelece os modos mais "claros" e mais legítimos de falar de si mesma!

Em *Carnavais, malandros e heróis* sugeri que os discursos etnográficos mais acabados se caracterizavam por dois fatores: (a) o autor fazia tudo para submergir na sua descrição; e (b) o seu objeto era uma coletividade, não um indivíduo cuja biografia é contada como caso único, exclusivo ou excepcional – como uma história.[2]

---

[2] Veja-se Ian Wyatt, *The Rise of the Novel*, para um estudo clássico das relações entre a novela como gênero literário e o individualismo.

Indicava também que o texto literário podia ser interpretado como texto "deslocado". Por exemplo: numa sociedade dominada por valores religiosos, um texto profano tenderia a ser "lido" como "literário". Do mesmo modo, se uma sociedade normalmente não permite falar de sexo, a literatura fala. E discursa sobre ele de modo aberto e "escandaloso" (como demonstra, entre outros, o *affair* D. H. Lawrence, que, vale lembrar, dizia: "O que é pornografia para um homem é riso do gênio para um outro."). O caso do Ocidente é notável em pelo menos um sentido. Num sistema obcecado com a praticalidade e o controle da natureza, o texto literário é precisamente o oposto. A "arte" é a atividade em princípio definida como não tendo propósitos práticos, como algo feito por "gosto", amor ou paixão. Para nós, de fato, quanto mais contemplativo e removido da praticalidade do cotidiano, quanto mais autorreferenciado o objeto, mais "artística" (ou "esportiva") a atividade. Uma teoria dos deslocamentos, portanto, conforme sugeri em *Carnavais, malandros e heróis*, pode ajudar na determinação do que é o "literário" sem cair em armadilhas essencialistas e metafísicas.

Realmente, nas etnografias o autor pretende "desaparecer" em nome de uma "objetividade" e de uma distância que legitimam sua narrativa como um discurso "científico".[3] Assim, em monografias antropológicas, fala-se não de uma personalidade individual, mas de uma sociedade. O discurso não é marcado, como é comum no texto poético-literário, por molduras do tipo: "mas... no caso *daquele* homem..."; ou, "*naquela* noite, porém..." etc. A isso deve-se acrescentar um outro ponto que também caracteriza o "estilo etnográfico". Quero me referir ao fato de que cada monografia etnográfica busca enfrentar ou resolver um proble-

---

[3] Para a discussão de alguns destes pontos, vejam-se os textos reunidos no tendencioso e presunçosamente refinado *Writing Culture*.

ma.⁴ De fato, uma das diferenças básicas entre as chamadas "narrativas de viagem" e o texto etnográfico moderno é que o relato do viajante é inteiramente imotivado em termos de uma problemática "cultural" que seria universalmente humana: a teoria antropológica que informa e de certo modo é recriada, criticada e modificada em função de cada nova descrição.

Neste sentido, a narrativa de viagem diferencia-se radicalmente da etnografia porque ela tem como objetivo descrever a jornada, ao passo que, na etnografia, "inibe-se" (para bem ou para mal) *a experiência da viagem* para que se saliente apenas o *ponto de chegada como experiência*.⁵ O que se deseja ressaltar nesses relatos

---

⁴ Um ponto significativamente ausente dos recentes debates sobre a natureza das etnografias. Cf. *Writing Culture* e também, Sangren, 1988 e Clifford, 1988. Esse ponto também ajuda a separar a literatura da história, escrita na qual a narrativa busca o singular e o eventual, mas tem forte compromisso com uma tradição cumulativa.

⁵ Apontei em *Carnavais, malandros e heróis* como o "ritual" invertia as motivações dos movimentos no espaço. Assim, na vida diária, os propósitos práticos dominam os movimentos de pessoas e grupos sociais que saem de casa para a rua e o trabalho usando algum meio de transporte específico (um cavalo, um carro, um trem etc.). O que se deseja no cotidiano é chegar! Nessas movimentações, o tempo tem que ser "morto"; o que quer dizer: essa experiência raramente pode ser aproveitada. Como nas experiências científicas e nas etnografias, a aventura diária da "viagem" não conta, valem apenas os pontos de partida e, naturalmente, os de chegada. Mas vejam o que ocorre no movimento ritual, no "drama" e consequentemente na "arte" e na "literatura": aqui, o que conta é o processo, a chegada, o caminhar (ou processionar) junto. É só o "gênio" do artista que percebe como o mundo diário se faz com tragédias e momentos plenos de emoções. Com isso desloca-se a relação meio = fim e o "andar junto" passa a ser mais importante do que a chegada, como acontece nas procissões e romarias. O que vale nas procissões, romarias, desfiles carnavalescos (e na "arte" em geral) é a caminhada, a experiência da viagem que, neste contexto, torna-se autorreferida e constitui uma totalidade. Neste sentido, vejam-se as teorias de Moritz, quando ele dizia: "Podemos aqui comparar o discurso com a *marcha*. A marcha habitual tem a sua finalidade *fora dela própria*, ela é simplesmente um meio para conseguir um fim, e tende continuamente para esse fim (...) Mas a paixão, por exemplo, a alegria saltitante, *reenvia a marcha para si mesma*, e os passos sucessivos já não se distinguem entre si porque cada um se aproxima mais do fim. (...) Assim nasceu a *dança*." (Cf. Todorov, *Teorias do símbolo*, p. 167). Isso difere radicalmente dos postulados do utilitarismo e do que Marshall Sahlins chamou de "razão prática" (Cf. Sahlins, 1976). Pela mesma lógica, os livros de viagem falam mais da caminhada do que da chegada, como nas etnografias.

é o seu ponto de repouso: a chegada na sociedade que será estudada e eventualmente compreendida. Mas, conforme já enfatizei, tudo isso se liga a uma diferença importante. É que nos relatos antropológicos *busca-se* dialogar com certa problemática, enquanto na viagem *encontra-se* uma série de aventuras (episódios inesperados que permeiam o texto e provocam a imaginação do leitor); nela, o narrador é um autor, gozando como tal a liberdade individual de alterar a ordem de certos eventos e até mesmo da realidade que está visitando. É essa possibilidade que engendra o sentido de aventura e mantém o clima de exotismo. Assim, as passagens mais emocionantes do seu texto são aquelas nas quais as coisas "acontecem" com ele.

Um filme de Alfred Hitchcock, *O homem que sabia demais*, revela esse ponto com rara precisão. Recordo que neste filme se narra a (des)ventura de um médico americano que viaja com sua família como turista pelo Marrocos e se vê implicado numa inacreditável trama de espionagem e intriga internacional. A conexão do local com o nacional e, sobretudo, com o internacional, por meio da intriga e do acidente, é um ponto fundamental dessas narrativas. Daí o interesse que provocam num universo individualista, quando demonstram que todas as ações e todos os homens (por mais pacatos, provincianos ou idiotas que possam ser...) são potencialmente importantes e carregados de sentido. Como se os indivíduos fossem sempre mais importantes do que lhes demonstra cotidianamente o sistema. A combinação de intenso cosmopolitismo (*à la* James Bond) com provincianismo é para nós, modernos e ocidentais, uma fórmula explosiva e intrigante. De fato, essas histórias seriam "mitos" nos quais o local é violentado e socializado pelo internacional...

As inesperadas coincidências e os inúmeros fatos não previstos enriquecem o relato do viajante, cujo alvo é achatar e padronizar o comportamento de humanidades radicalmente diferenciadas.

A OBRA LITERÁRIA COMO ETNOGRAFIA 45

Hans Staden, o marinheiro holandês aprisionado pelos índios Tupinambá no litoral do Brasil em pleno século XVI, estava mais interessado em contar o seu "cativeiro" do que em compreender as instituições nativas. Como em muitos outros livros de viagem, a sociedade local com a sua intrincada racionalidade é um acidente de percurso e um hóspede não convidado. Assim, no livro de Staden, o canibalismo dos Tupi entra na história como Pilatos no credo. Mas as etnografias são narrativas muito diferentes. Elas são textos motivados, que pretendem responder a questões raramente formuladas pelo seu autor.[6] Em geral, a temática mais importante das etnografias é constituída de questões colocadas por outros autores em outros livros, épocas e aldeias, mas que são reconstruídas e (re)experimentadas. Daí classificarem-se as viagens antropológicas como "trabalho de campo", não como "viagens" propriamente ditas. Curioso e paradoxal esse movimento de liquidar o ato de viajar dentro da tradição antropológica, já que a viagem faz parte integral da profissão. Mas entre dar ênfase à viagem ou ao ponto de chegada (e, dialeticamente, ao ponto de partida), há uma boa distância a percorrer. Talvez seja por causa disso que algumas etnografias dramatizem o momento da chegada na aldeia.[7] É que essa cena demarca o ponto inicial de todas as transformações

---

[6] Poder-se-ia dizer que essas questões são raramente resolvidas pelo pesquisador, que apenas formula o que sua sociedade lhe permite formular naquele momento. Lévi-Strauss revela sua imensa percepção deste problema quando diz: "Em algumas centenas de anos, neste mesmo lugar, outro viajante tão desesperado quanto eu chorará o desaparecimento do que eu teria podido ver e que me escapou. Vítima duma dupla enfermidade, tudo o que percebo me fere e eu me censuro sem cessar por não olhar suficientemente." (Cf. *Tristes trópicos*, p. 38). Isso mostra – contra Clifford Geertz – como a narrativa (o texto) é apenas uma das formas por meio das quais as culturas se exprimem e se deixam representar. E mostra também que os antropólogos não estudam "índios", mas desejam compreender uma problemática que se manifesta em graus diferenciados nas várias sociedades humanas (tribais ou nacionais).

[7] Como se observa, discordo de Mary Pratt quando ela afirma haver "*clear continuities with travel writing*" nas cenas de chegada (Cf. *Writing Culture*, p. 35ss.). Etnólogos falam de chegadas para não falar da viagem. Mesmo no caso de Raymond Firth (cita-

que o livro pretende revelar. É geralmente com surpresa que os etnólogos descobrem que para alcançar seus objetos de estudo têm que fazer uma viagem!

O que caracteriza esse tipo de narrativa é a busca deliberada do padrão, do sistema e da estrutura enquanto paralelamente evita-se tudo que é acidental, inesperado e anedótico. De fato, a respeitabilidade do discurso etnográfico jaz precisamente nisso. Não somente porque tais narrativas querem ser "autoritárias" e "científicas", no seu sentido mais convencional, criticável e vazio, mas porque tais discursos levantam seriamente o problema de sua credibilidade. Depois de séculos de narrativas cada vez mais individualizadas (e romantizadas), de histórias contadas pelo prisma de um indivíduo e das experiências que somente aconteceram com o viajante, o discurso etnográfico tinha que se precaver para aspirar a ser levado a sério. Como descrever cumulativamente (a ciência segue por hipótese, verificação e acumulação) se o leitor pode duvidar ou simplesmente não acreditar no relato que acaba de ler? E mais: como revelar que as instituições e o povo descritos são efetivamente humanos se o narrador se regozija na anedota, no pessoal e no episódico?

A esta altura, vale lembrar a afirmativa de Tzvetan Todorov (feita no seu estudo *Introduction à la Literature Fantastique*) de que narrar na primeira pessoa é a marca do discurso fantástico porque nela mais facilmente se confundem imaginação e realidade. Lem-

---

do por Pratt como exemplo típico destas cenas utópicas de chegada), há uma linha que revela uma diferença significativa. Diz Firth, depois de um parágrafo no qual descreve o rebuliço da chegada: "*I wondered how such a turbulent human material could ever be induced to submit to scientific study...*" (Cf. *Writing Culture*, p. 36). Ou seja: enquanto o viajante fica com o rebuliço e a confusão, o antropólogo se questiona sobre a estrutura, o padrão: a ordem por trás da aparente confusão que testemunha. O que Firth, então, está indicando é como a presença da vida social na sua concretude e inocência é um obstáculo ao estudo sistemático das sociedades desde a perspectiva "antropológica".

bro que, para ser tomado como "verdade" (e assim ter eventual peso jurídico), o relato na primeira pessoa – o depoimento, conforme falamos no Brasil – tem que ser validado por testemunhas. Na narrativa fantástica isso não acontece e o narrador está geralmente só. As narrativas de viagem, antes das monografias antropológicas, eram, para parafrasear Marx, "robinsonadas": usavam e abusavam da primeira pessoa. Sabendo ou não, elas ficavam dentro desta moldura na qual o altamente pessoal servia de ponte para o extraordinário e o ambíguo.

Para escapar disto, nas monografias antropológicas, a forma de narrar fica *entre* a onipotência de um Flaubert e a ambiguidade personalíssima de um Poe ou de um Machado em *Dom Casmurro*. Deste modo, o que surge como "autoritário" para alguns críticos do estilo etnográfico pode ser interpretado como modo de evitar os riscos de uma narrativa duvidosa e uma tentativa de criar nova forma de plausibilidade num discurso esgotado pelo absurdo e pelo imaginário. No fundo, para os pioneiros da narrativa etnográfica (gente como Malinowski, Boas e outros) tratava-se de "desmistificar" o relato clássico feito por viajante, missionário e agente colonial; relato no qual os compromissos estavam todos fora da sociedade em questão.

Por tudo isso, as etnografias têm se concentrado na descrição daquilo que todos fazem ou pensam que fazem; dos valores que orientam ou balizam as condutas coletivas e que todos mantêm e acreditam. Nestes livros não se pode falar impunemente do episódico, da variação e da exceção. Fala-se, isso sim, do povo Nuer, Crow ou Krahó. Aqui, as molduras são sempre do tipo: "O sistema político dos Cidanos é marcado pela inveja"; ou, "os Belivars acreditam em mil deuses" e "para os Kúeguda a sodomia é uma preferência tribal". Fala-se de "todos" numa modalidade de narrativa que dramatiza mais pela perspectiva da totalização (ou da estrutura) do que pela tematização das suas variantes. Mesmo quando a etnografia decide apelar para a variação e para o "drama" como ponto central de sua retórica (e aqui penso sobretudo na obra etnográfica de Victor Turner, centrada em torno da ideia de "drama social"), o que se deseja discutir é realmente um sistema moral.[8]

Mas, mesmo assim, o discurso é orquestrado por uma "problemática". Diferentemente dos viajantes e escritores em geral, os etnólogos – conforme dizia Evans-Pritchard – sempre acham o que procuram. Quem procura estrutura encontra elegantes simetrias; quem busca plasticidade acaba descobrindo seu paraíso em termos de variação e ausência de norma. O problema não reside apenas na possibilidade de ter descrições incongruentes de uma mesma sociedade ou até de uma mesma aldeia.[9] Não é isso que torna os discursos antropológicos problemáticos, fascinantes ou aborrecidamente autoritários, mas o fato de que a narrativa é sempre motivada e realizada a partir de uma problemática anterior (e posterior) ao seu narrador. A busca do etnólogo não tem uma "autoria" e portanto não é invariavelmente (de)marcada por um conjunto de indagações que delimitam a problemática de sua época apropriada de modo pessoal. Neste sentido, o sujeito da narração não é rigorosamente um "povo", mas uma indagação e um problema. Evans-Pritchard não escreveu sobre os Nuer, mas pretendeu examinar um sistema político e uma modalidade de vida:

---

[8] Cf. Victor Turner quando ele diz, falando dos "dramas sociais": "O conflito parece colocar em amedrontadora proeminência aspectos fundamentais da sociedade normalmente encobertos por costumes e hábitos do dia a dia. As pessoas devem tomar partido nele em termos de preferências morais profundamente internalizadas. As escolhas são sobrecarregadas pelos deveres."

[9] Podem-se relembrar alguns casos famosos, igualmente ausentes de algumas discussões contemporâneas do assunto, como as descrições diversas de Tepoztlán, uma aldeia mexicana, por Robert Redfield e por Oscar Lewis; de uma vila da Polinésia por Goodenough e Fisher; e, mais recentemente, da Samoa de Margaret Mead e Derek Freeman.

um quadro de valores que se realizava mais claramente entre os Nuer. Do mesmo modo, Raymond Firth não fez um livro sobre os Tikopia, mas escreveu sobre uma estrutura social que se atualizava na Polinésia. Seu livro, aliás escrito de modo totalizante (monográfico mesmo), revela a flexibilidade da organização social dos Tikopia, e está muito próximo do estilo etnográfico "realista" de Malinowski, com o qual faz um bom contraste por ser mais "condensado" e orientado para uma problemática mais restrita, como ocorre com os Nuer de Evans-Pritchard.[10] Antropólogos sociais se entendem por meio de textos, mas o seu objetivo não é escrever literariamente,[11] mas inventariar modos de vida, sistemas políticos, mitologias e quadros de valores. Eles sabem que a virtude da monografia é a descoberta de que certas coisas acontecem aqui melhor do que lá (e vice-versa).

O tecido da narrativa antropológica é motivado pela tentativa de descrever regras e responder a questões. Na literatura, porém, trata-se de descrever sistemas de ações individuais, talvez para fazer, como diziam os velhos estruturalistas, aquelas perguntas que ninguém – exceto os escritores – tem a coragem de responder. Na novela moderna, o coletivo tende a surgir como cenário. Leia-se um livro de Graham Greene. Suas histórias se passam na África, na Inglaterra, no Vietnã, em Cuba, no México e no Haiti. Pergunto:

---

[10] Lembro que Malinowski publicou o seu clássico, *Argonauts of Western Pacific*, em 1922; que Raymond Firth escreveu *We the Tikopia* em 1936 e que Evans-Pritchard publicou *The Nuer* em 1940, delimitando sua problemática com uma visível influência de Radcliffe-Brown, influência aliás que Evans-Pritchard soube muito bem dosar e eventualmente criticar acerbamente.

[11] Para os propósitos de minha argumentação aqui, entendo que se "escreve literariamente" quando – entre outros fatores – a preocupação com o modo de contar é mais importante (ou tão importante) quanto o conto que se conta. O meio vira, num certo sentido, finalidade; o início pode ser o fim, a mentira vira verdade, a caminhada objetiva e prática (que leva de um lugar a outro) transforma-se, como queria Moritz, em dança (Cf. Tzvetan Todorov, *Teorias do símbolo*).

será o lugar importante? Ou é apenas um cenário? Claro que é o drama que importa, sugerindo um universalismo caloroso e convincente, apesar de o livro ter sido escrito em inglês e toda a sua trama estar armada em termos de postulados individualistas. Quero dizer: na literatura ocidental, o "indivíduo" (e não uma humanidade) constitui geralmente o centro do drama.

Nas etnografias, contudo, o drama humano está sempre circunscrito a um conjunto de regras e a uma certa configuração humana que se busca esclarecer. Nelas se exercita "traduzir", no sentido preciso de contextualizar motivos e ações. No fundo, seria uma experiência semelhante à de escrever sobre um jogo de futebol privilegiando o estudo da regra; ou privilegiando um determinado jogo de futebol, descrevendo as "jogadas" que ali ocorreram concretamente. Ou seja: como o sistema de regras naquele dia, com aqueles jogadores e diante daquele público, parcialmente engendrou aquela partida específica. Como ensinou Lévi-Strauss: de um lado privilegiamos a estrutura que permite entender, englobar e engendrar os eventos; doutro, os eventos que englobam e permitem "construir" uma estrutura (Cf. Lévi-Strauss, 1962). É menos a questão da galinha e do ovo e muito mais um modo específico de falar dos homens. O pianista conduz a partitura tanto quanto a partitura conduz o pianista. Mas o fato é que nós somos parte de um sistema que aprecia conflitos e se deleita com uma leitura agonística da vida. Assim, gostamos dos dualismos irredutíveis e dos conflitos estruturais. O que abunda nos romances, parece faltar nas etnografias...

No entanto, conforme revelou Márcio Silva (Cf. Silva, 1985), existem narrativas que combinam os dois gêneros de forma intrincada. Seja porque são obras que tratam de descrever costumes reais através de um prisma ficcionalizado (isto é, costumes reais ou plausíveis, realmente existentes em alguns sistemas sociais, são, entretanto, apresentados pela ótica de um personagem particular,[12] conforme fizeram entre nós José de Alencar e todos os "regionalistas"); ou podem ser narrativas de sociedades imaginárias, sistemas sociais e cosmológicos inventados pelo escritor. Aqui, o objeto da ficção é uma sociedade fictícia. Logo vem à mente todo um gênero narrativo convencionalmente chamado de "utopia". Desse gênero fazem parte também textos como *As viagens de Gulliver*, de Jonathan Swift; as famosas (dis)topias, como *1984* e *Admirável mundo novo* (de, respectivamente, George Orwell e Aldous Huxley), algumas histórias de Jorge Luis Borges e o conto de Edgar Allan Poe "The Devil in the Belfry", que eu mesmo estudei preliminarmente (Cf. DaMatta, 1973). Para o caso brasileiro, o conto de Machado de Assis "A sereníssima República" (publicado em *Papéis avulsos, Obras completas,* Nova Aguillar: Rio de

---

[12] Posso imaginar imediatamente o seguinte caso. Uma tribo, digamos a dos Brasa-Bela, tem rituais de iniciação masculinos duríssimos. Cerimônias nas quais os rapazes são circuncidados e, depois de vários meses de reclusão, obrigados a executar extenuantes e dolorosos exercícios físicos. Pois bem, um determinado noviço de Brasa-Bela, em virtude de sua cristianização prematura e de sua rara sensibilidade, teme tais ritos e, no momento exato em que deveria realizar o famoso teste do formigueiro, entra em desespero, foge e pede asilo na casa do missionário. Este, muito rígido, nega santuário ao rapaz, mas sua esposa, desencantada de tanta cegueira diante dos sentimentos humanos, admite o rapaz em casa contra a vontade do marido. Isso feito, marido e mulher têm uma violenta discussão na frente do fugitivo que, apavorado, assiste a uma cena inesperada: seu pastor, que sempre pregou o amor, o controle e a paz, aparece-lhe agora possuído pela fúria – um sentimento humano abominável na sua cultura, que os "ritos de passagem" objetivavam precisamente controlar. Passada a discussão e em plena madrugada, a mulher do missionário tem um acesso de melancolia e tenta matar-se. Outra surpresa para o rapaz, que esperava serem os "cristãos" mais coerentes com suas crenças. Finalmente, quando raia o sol, o noviço retorna para seu povo, pedindo para ser iniciado, convicto de que sua sociedade era mais humana no tratamento dos desencontros. Percebe que se tudo é arbitrário e tudo é relativo, então era melhor ficar com os valores dos seus ancestrais. Mas, conforme manda a lei do romance, seu gesto é rechaçado pelos anciãos, que o expulsam da tribo dos Brasa-Bela. Agora, sem ser homem nem menino, sem poder assumir um papel dentro da sua tribo nem outro fora dela, nosso herói anda pelas ruas de Barra Funda do Fim do Mundo completamente bêbado, pronunciando uma série de fórmulas ininteligíveis. Delas o narrador só pensa perceber algo como: "rituais", "Deus", "dever", "tudo por água abaixo"...

Janeiro, 1979), imaginativamente estudado por Márcio Silva, tem, parece-me, uma posição singular.

Não deixa de ser curioso que tais narrativas sejam pouco consideradas nas discussões dos gêneros literários. Sobretudo quando se sabe que para nós, ocidentais, individualistas e atualmente pós-modernos, a "Literatura" com "L" maiúsculo é sempre uma operação singularizante. Nossos "contos", como já disse, contam sempre casos especiais ou narram histórias específicas.[13] Ao passo que discursos sobre sistemas, instituições, sociedades ou estruturas sociais são classificados como "história", "sociologia", "etnografia" ou "mitologia". Sabemos, porém, graças aos estudos antropológicos, que outras sociedades têm muito mais tolerância para com histórias que falam de sociedades inventadas, utópicas ou problemáticas. Assim, os Apinayé de Goiás (estudados por Curt Nimuendajú na segunda década deste século e por mim entre 1962 e 1974) falam de uma aldeia de "homens-morcegos", sociedade na qual os homens têm asas negras e dormem dependurados pelas pernas – como os morcegos. Foi o contato com esses seres liminais, meio homens meio bichos (e eu noto que os morcegos têm um status ambíguo no sistema de classificação de animais daquela tribo), que deu aos Apinayé algumas instituições e cerimoniais. Do mesmo modo, eles também falam numa misteriosa aldeia de mulheres.[14]

Para nós, tais narrativas são etiquetadas de "ficção científica", um gênero literário possível, mas certamente menor – sobretudo no caso do Brasil, sociedade na qual a literatura parece dominada pela fúria nem sempre honesta ou criativa do "depoimento polí-

---

[13] Só para que, no final do livro (e da história), a gente ironicamente descubra que somos todos, se não politicamente, pelo menos emocionalmente iguais.

[14] Cf. DaMatta, 1976 [1982]. Afirmo que os Apinayé não estão sós na produção destas narrativas.

tico-social" (o tal "objetivismo científico") naturalista e certamente conservador e autoritário estudado por alguns críticos (Cf. Süssekind, 1984). Deste modo, o romance brasileiro tem que ser obrigatoriamente uma narrativa da "realidade nacional", mantendo com ela uma relação de verossimilhança fotográfica, tal e qual um filme documentário ou uma novela da TV Globo. Fora daí não parece haver salvação (crítica, pelo menos).

II

Mas foi tomando a obra literária como uma etnografia que comecei a descobrir essas coisas. No meu caso, o estudo do texto literário estava dominado pela perspectiva comparativa. Queria entender a sociedade brasileira de um ponto de vista antropológico e para tanto desejava experimentar o método estrutural. Tinha em mente realizar a experiência (relativamente selvagem) de tomar o texto literário como uma narrativa mítica, estudando-o primeiramente através de suas determinações internas. Somente depois é que tentaria examiná-lo no seu contexto histórico-social.

Neste contexto, vale relembrar minha experiência com a obra de Jorge Amado. Li *Dona Flor e seus dois maridos* de uma perspectiva sociológica indicada para descobrir como, a partir de *Gabriela, cravo e canela*, ele começou a inventar personagens com duas vidas e mudou radicalmente a postura de seus heróis. Assim, se até *Gabriela* os heróis são homens, depois se transformam em mulheres. E se antes levavam uma vida coerente com os princípios do Partido Comunista, agora tinham uma existência muito mais livre, contraditória e autêntica. Voltando ao contexto tradicional da crítica literária biográfica e historicizante, logo me dei conta de que *Gabriela* é o início da elaboração da ruptura de Jorge Amado com o Partido Comunista. A mudança dos personagens (tendo duas vidas radicalmente opostas) corresponderia, num plano lógico ou biográfico mais profundo, às duas vidas do autor. A presença dos personagens femininos corresponderia, no mesmo plano, à atenção dada pelo autor aos aspectos pessoais e familísticos (tudo o que diz respeito ao mundo da *casa*) no universo social brasileiro. Não sei se isso foi percebido por algum crítico, mas esse dado revela como a obra reproduz em si mesma, num plano "parabiográfico" profundo, a vida do seu autor. O problema é descobrir as leis destas homologias. Geralmente o "crítico" se contenta em reproduzir um jogo patente (quando não medíocre) de influências, deixando de lado o caminho mais profundo, que é o de descobrir como a sociedade e o autor se exprimem (mais do que se refletem) mutuamente. Entendo que demoramos muitos anos para descobrir esse jogo em escritores como Machado de Assis, visto até o final dos anos 1950 como um autor reacionário porque era mulato, mas em suas obras não tratava direta e explicitamente da escravidão. Como se as relações tivessem que ser dadas na fórmula clássica – infraestrutura (sociedade)/superestrutura (romance) – que alguns críticos obviamente esperavam. O mesmo ocorre em relação à presença ou à ausência de escravos na obra de Manuel Antônio de Almeida. Há, de fato, uma leitura realista e normativa bem estabelecida na crítica social e política brasileira. Assim, a questão da verossimilhança é invariavelmente colocada e, junto com ela, a questão normativa: para que serve? Como pode ser utilizada?

Minha experiência, deste modo, desejava apresentar a possibilidade de ler uma obra literária buscando nela "princípios estruturais" e "categorias sociais básicas". Por causa disso, *o texto como conto* era mais importante do que o texto como representante de um gênero literário que necessariamente pertencia a uma série histórico-social. Meu problema era estabelecer um diálogo com os textos enquanto eles descreviam ou permitiam deduzir categorias e normas sociais que operariam no mundo brasileiro. O estudo do texto em contexto histórico-social foi deixado de lado, então, não porque eu tivesse aversão à história ou fosse alérgico à questão da mudança social, mas por uma questão de metodologia e, *last but not least*, por um problema de competência profissional.

Meu postulado implícito era o seguinte: se o texto literário "contava" uma sociedade, no caso brasileiro, no qual eram poucos os estudos especificamente sociológicos da sociedade como tal, o texto literário de fato *fazia falar a sociedade*. Neste sentido profundo, a literatura não era, conforme já disse, simplesmente uma outra fotografia do sistema, mas uma *expressão*, um meio privilegiado pelo qual a sociedade podia se manifestar. A narrativa, então, poderia ser tomada como a própria sociedade, percebida (lida, entendida, falada, classificada) por meio de um certo código.

Minha primeira experiência nesta direção foi o estudo do conto de Guimarães Rosa "A hora e a vez de Augusto Matraga". Ali discerni alguns processos sociais básicos que davam plausibilidade à sua portentosa criação literária. Quero me referir, com Antonio Candido, à questão das "passagens" e transições e, simultaneamente, ao problema da vingança com as suas importantes implicações sociológicas.[15] Menos preocupado com os problemas literários, creio que tive a liberdade de explorar a temática das transições na obra de Guimarães Rosa de modo mais sociológico. Dou um exemplo: Antonio Candido percebe em *Tese e antítese* (p. 133) e, posteriormente, em *Vários escritos* (pp. 135-160) a problemática da vingança e da mudança do nome como sintoma de

---

[15] Vejam-se os dois ensaios seminais de Antonio Candido, "O homem dos avessos" e "Jagunços mineiros de Cláudio a Guimarães Rosa", publicados respectivamente em *Tese e antítese*, 1964; e *Vários escritos*, de 1970, textos que apresentam essa problemática.

mudança da posição social em Guimarães Rosa. Mas ele se concentra no estudo de *Grande sertão: veredas*, livro no qual essa temática ganha foros míticos (ou místicos), quando os personagens se transformam em figuras paradigmáticas, como "demônios", "anjos" ou "renunciadores". Creio que em *Sagarana* a realidade diária tem mais presença, o caráter local surge com mais força e a temática aparece como iniludivelmente sociológica. Por causa disso, a teoria dos ritos de passagem (descoberta por Arnold Van Gennep e posteriormente desenvolvida por Victor Turner) ajuda muito a decifrar alguns aspectos da nossa sociedade, permitindo entender as relações entre a problemática da "honra", da "vingança", do nome próprio e do "sertão" em suas relações sistemáticas com as leis impessoais e constitucionais igualmente vigentes no Brasil e no universo criado por Guimarães Rosa. Assim, embora sabendo o valor interpretativo da teoria dos "ritos de passagem" para o bom entendimento do universo rosiano, Antonio Candido não aprofunda essa linha de investigação nem a relaciona com uma problemática subjacente da importância das relações pessoais junto à questão da "identidade nacional", como fiz em *Carnavais, malandros e heróis* e, depois, em *A casa & a rua*.

Mas quero explicar bem o meu começo.

Quando iniciei meus estudos, estava às voltas com o uso do modelo dramatúrgico no estudo da vida social. Examinando as dramatizações recorrentes da sociedade brasileira (contidas nos desfiles carnavalescos, nas paradas militares e nas procissões religiosas), procurei isolar os principais atores de cada um desses dramas. Logo identifiquei o malandro (e a malandragem) como o ator (e a ação) modelar no caso do Carnaval e das "situações carnavalescas"; o "caxias" para o caso dos rituais cívicos e da ordem (como as comemorações da semana da pátria, as festas de formatura, as posses em cargos públicos etc.); e o "renunciador" (ou o penitente – com suas rezas e orientação para o "outro mundo") para o caso dos rituais religiosos.

Caracterizados em termos dos rituais, queria saber se estes papéis sociais eram também representados como importantes em outras áreas da vida social, reforçando o sistema e revelando o alcance (e a profundidade) das minhas teorias. De fato, mesmo no meu ensaio inicial sobre "o Carnaval como um rito de passagem", já havia articulado a possibilidade de estudar os *ritos como um sistema*; isto é, como uma série de eventos passíveis de serem vistos em suas transformações mútuas e não como episódios estanques e isolados. Com isso em mente, propus o seguinte: (a) nenhum ritual tinha uma posição hegemônica ou totalizante dentro do sistema brasileiro; ou seja: a sociedade brasileira requeria esse "triângulo ritual" para se manifestar e nenhum desses rituais poderia representá-la isoladamente; (b) como consequência, o Brasil não podia ser considerado apenas como o "país do Carnaval" (como queriam alguns) ou a terra dos messianismos, misticismos e penitências (como outros sugeriram). O que realmente ocorria no sistema brasileiro era uma segmentação simbólica importante, fundada no fato de que aquilo que abundava no caso das situações carnavalescas (uma malandragem francamente compensatória e ambígua), ficava faltando no caso dos "ritos da ordem" (dominados pela disciplina militar e pela hierarquia) e surgia apenas em parte nas festas religiosas. Do mesmo modo, o que abundava nas festas religiosas (misticismos, relatividade dos bens materiais etc.) faltava nas festas cívicas e no Carnaval.[16]

---

[16] Observo que nas nações modernas e fundadas sob o impacto da Reforma protestante, e das chamadas "revoluções burguesas", a identidade nacional se desloca da "sociedade" para a comunidade cívica, constitucional e territorial (a nação), que passa a ser a unidade de representação simbólica exclusiva de todos os sistemas que convivem num dado território. Assim, os Estados Unidos são representados sempre pelo seu lado constitucional e nacional. No plano histórico e sociológico, é a democracia (com tudo o que vem com ela) que tipifica as representações americanas. O caso brasileiro (e de muitas outras sociedades nacionais), como estou tentando demonstrar, é bem diferente. Nelas, aparece uma espécie de competição entre a nação e as várias representações da sociedade.

Informado pela descoberta desta mesma lógica, sugeri que na vida brasileira esses personagens formavam um sistema. Há, pois, um *continuum* que vai do "caxias" ao "renunciador". No ponto intermediário fica, como uma espécie de fiel da balança, o "malandro", situado entre uma ordem opressiva (a do Estado com suas leis e aparelhos de repressão) e a possibilidade de propor uma nova ordem social consistente com as "utopias" brasileiramente malandras da sensualidade, da boa mesa, das amizades e da ausência de trabalho. Em outras palavras, tudo o que define e ordena o universo da casa. Assim, se o "caxias" estava completamente dentro da sociedade, sendo sistematicamente englobado por suas regras e instituições, o "renunciador" ficava complementarmente "fora do mundo", desejando criar uma sociedade paralela: um mundo equivalente e frequentemente arrevesado relativamente à sociedade envolvente e dominante.

Conforme tento demonstrar em *Carnavais, malandros e heróis*, havia chegado a três situações rituais paradigmáticas e também a três personagens exemplares, coerentemente ligados a essas situações. Meu esquema era dinâmico e permitia compreender como os "caxias", os "malandros" e os "renunciadores" poderiam, de acordo com o contexto, ser tanto bandidos quanto heróis na nossa sociedade. Não estava repetindo o familiar dualismo maniqueísta que afirmava ser o Brasil triste ou alegre, sério ou boêmio. Nem as teses, fundamentadas num sério e inconsciente biologismo, que afirmavam ser o Brasil um país constituído de irresponsáveis malandros ou de messias psicóticos. Tudo em nome daquela absurda e reacionária perspectiva que até hoje diz que o Brasil teve uma formação racial errônea que gerava sensualidade e desrespeito às leis e à ordem.[17]

---

[17] Fiz uma crítica da "fábula das três raças" no meu livro *Relativizando: uma introdução à antropologia social*. Nela, tento mostrar como o problema político e social tem

Falava, ao contrário, de um modelo efetivamente estrutural, capaz de dar conta da presença simultânea e aparentemente contraditória destas três figuras no nosso panteão cosmológico. Assim, minha análise sustentava que o sistema brasileiro se caracterizava pela possibilidade de realizar uma leitura tríplice de si mesmo. A consequência disso era a adoção da ambiguidade como elemento estrutural – ou um *valor* – da sociedade. E mais: que tal característica abria o sistema a leituras diferenciadas, compensatórias e definitivamente não hegemônicas de si mesmo, complicando os cortes necessários para uma discussão mais aprofundada do problema da mudança social.[18]

Assim, reinterpretei Pedro Malasartes como o personagem malandro que, numa série de episódios, consegue sagazmente usar as regras inventadas e controladas pelos opressores contra eles mesmos, demonstrando um dado-chave: que embora alguns possam controlar melhor as leis, todos estão necessariamente sujeitos ao mesmo conjunto de normas. Tanto a fraqueza quanto o poder têm seus limites. Indiquei no meu estudo sobre o "mito de Malasartes" que a ideia do espertalhão que se rebela contra as normas e eventualmente triunfa contra o seu programa de opressão apresenta uma notável compensação e revela um dilema social e político profundo dentro do sistema brasileiro. Aqui me valia da

---

sido deslocado e apresentado num código biológico (das raças), no qual se evita discutir responsabilidades de segmentos e pessoas e, consequentemente, pôr em foco o sistema de poder. Veja também o capítulo 4.

[18] Em *Carnavais, malandros e heróis* desenvolvo essa perspectiva e problemática. Em relação à questão da mudança, sou obrigado a perguntar: como mudar se o sistema é profundamente relativizador e oferece tantas opções? Como determinar as linhas mestras para o estabelecimento da mudança se o Brasil, lido pelo prisma da malandragem, é criticamente cínico e desconfiado; o "Brasil renunciador" é messiânico e por demais agonístico e o "Brasil caxias" é excessivamente crédulo e dado a otário? Sendo tudo isso sem ser exclusivamente nada, não é surpreendente que a "identidade nacional" se apresente como uma questão tradicionalmente contraditória e crítica para nós, brasileiros!

oposição tão sabiamente apresentada por Max Gluckman (Cf. Gluckman, 1963, 1965), quando ele distingue *rebelião* de *revolução*, indicando que o primeiro processo se constitui numa revolta contra as pessoas, ao passo que o segundo mostra uma oposição definitiva contra o sistema de regras. Assim, Malasartes, como os nossos grandes "malandros", derrota patrões mas não critica a estrutura de um mundo social feito de patrões e clientes. Tais personagens não criticam a relação englobante entre patrão/cliente, mas a ação desonesta de tal ou qual patrão. Diferentemente dos revolucionários, eles não chegam às raízes do sistema político e econômico, pondo em causa as regras que constituem a estrutura do sistema.

Estudando o "mito de Malasartes" publicado por Câmara Cascudo, descobri que o ponto de partida da história residia num "projeto de vingança". Pedro Malasartes, como muitos outros "bandidos sociais" (Cf. Hobsbawn, 1975), decide sair de casa para vingar-se do seu irmão João, que, diferentemente dele, era "honesto e trabalhador" e, por isso mesmo, vivia sendo explorado pelo seu patrão. A narrativa mítica de Malasartes, portanto, se iniciava legitimada na moldura de vingança. Malasartes saía da casa paterna e, usando a esperteza e a malandragem, derrotava todas as propostas desonestas dos patrões que, anteriormente, haviam explorado seu irmão, tirando-lhe o couro das costas. Mas como em todo drama de vingança, a narrativa não questionava abertamente a estrutura, atingindo somente as pessoas que estão nesta estrutura.[19] Assim, o que chamei de "paradoxo da malandragem" residia neste desejo de vingança e, simultaneamente, nesta ausência de críti-

---

[19] Antonio Candido, no seu ensaio "Da vingança", que abre *Tese e antítese*, estuda as frustrações do Conde de Monte Cristo quando finalmente aciona sua vingança, discutindo o problema do ponto de vista da literatura do romantismo. Pode-se acentuar também o seguinte: Monte Cristo se sente frustrado porque pode destruir seus inimigos, mas não transformar o sistema que engendrou seus inimigos. Assim, o vingador

ca ao sistema de regras, que, de fato, prende cliente e patrão numa cadeia de exploração. Ou melhor, o sistema apresenta o cliente (e o inferior) como tendo a obrigação de escapar apenas quando é sagaz, inteligente e ousado como o malandro Malasartes. Do mesmo modo, ela apresenta a possibilidade de o sistema ser justo caso os patrões fossem honestos. Sua moral me parecia clara: contra patrões desonestos o remédio é a malandragem. Em nenhum momento – esse era o ponto – questionava-se o sistema.

Mas essa narrativa igualmente dramatizava as passagens e as transições. Primeiramente, a obrigação dos "pobres" de obter "trabalho" junto aos ricos naquilo que se convenciona chamar no Brasil de "ganhar a vida"... Depois, o fato de que as relações entre a *casa* e a *rua* são sempre problemáticas no caso da sociedade brasileira. Neste sentido, o ciclo de Pedro Malasartes pode ser lido como uma espécie de quixotesca viagem pelo universo da rua, esse espaço no qual teoricamente quem não tem patrão (e amigos) é um *ninguém* e, por ingenuidade e excesso de confiança na generosidade alheia (sempre rara ou inexistente), será sempre explorado por maus patrões. Assim, há tranquilidade e paz na casa e "luta" e exploração na rua, onde as relações sociais são governa-

---

moderno (situado entre o individualismo que ilegitima a vingança e o personalismo que a justifica) fica naquela posição difícil de descobrir que foi simplesmente um instrumento de um conjunto de regras e que, além de suas intenções, existe uma sociedade que ele efetivamente não consegue controlar. Tal como o Conde Fosca de Simone de Beauvoir (*Todos os homens são mortais*), que imaginava poder transformar o mundo com sua imortalidade, o Conde de Monte Cristo entra em crise porque, afinal de contas, exerce sua vingança liquidando os maus, mas não chega à raiz do problema, que é a crítica ao sistema que, afinal de contas, permitiu as infâmias que foram praticadas contra Edmund Dantés e, paradoxalmente, permitiram a Edmund Dantés, como a Monte Cristo, vingar-se. As duas possibilidades se ligam dialética e radicalmente. Basta que se mude de posição na sociedade (com a posse do tesouro e de conhecimentos) para que as possibilidades se transformem. Neste sentido, o movimento romântico expressa tanto um individualismo nascente quanto um personalismo tradicional. Não preciso acrescentar que, na minha interpretação, Monte Cristo encarna plenamente essas contradições.

das por competição, dinheiro, trabalho e leis impessoais que regem esse mundo.

Cheguei ao Matraga de Guimarães Rosa por meio do meu estudo de Malasartes, terreno da narrativa abertamente malandra, na qual as reviravoltas eram cômicas e o herói parecia regozijar-se, tal qual um Macunaíma, com uma estrutural falta de caráter. No caso de Matraga, porém, estava no terreno do drama, que tinha autoria e alta consciência de si como conto, narrativa, história. Mas as genialidades do estilo não adormeciam as enormes semelhanças estruturais do caso que contavam. Pois, em ambas, também surgia uma estrutura marcada por uma mesma vida que, no entanto, surgia dividida em dois momentos e em duas. Havia um Malasartes antes de sair de casa e um outro que se tornava um vingador social. Do mesmo modo, existia um Nhô Augusto antes do processo transformador e um Matraga que surge depois que uma vingança exemplar é impedida.

Para mim, a história de Matraga revelava como alguém definia "a sua hora e a sua vez", não se deixando tentar pela lei do retorno que caracteriza a vingança como instituição social. Porque vingar-se é voltar. Um retorno paradoxal no qual uma mesma pessoa se confronta com sua inversão biográfica (ou, como diria Guimarães Rosa, com sua vida pelo avesso!). Antes era forte, agora é fraco (caso de Matraga, que poderia retornar para recuperar sua fortaleza); ou, antes era fraco, agora é forte (caso clássico de Edmond Dantés, o Conde de Monte Cristo). Como se uma mesma existência tivesse a capacidade de produzir uma personalidade comum e uma outra – majestosa e triunfante – que um dia retoma, pela vingança, o seu devido lugar na estrutura social. No fundo, uma personalidade vinga-se da outra num processo complexo que cabe investigar. Aqui, basta salientar que é esse retorno ao local de origem que permite refazer o confronto com os inimigos e junta dramaticamente os pedaços dilacerados de uma mesma vida. Ora, todos nós sabemos como Matraga evita essa vingança e esse retorno.

De fato, pode-se dizer (Cf. DaMatta, 1979) que a genialidade de Rosa nesta história está em fazer com que o seu personagem evite o caminho da vingança. Sua luta é uma libertação e uma *renúncia* das leis do mundo dos homens, essas regras que Seu Joãozinho Bem-Bem assume como dado natural. O drama de Matraga, então, seria o dilema de voltar ou não à sua comunidade de origem para, como um Monte Cristo sertanejo, exercer o direito legítimo de lavar a sua honra e retomar o seu lugar na estrutura social. Mas Augusto Matraga recusa-se a isso. Diferentemente do Conde de Monte Cristo, de Cassiano Gomes (personagem do conto "Duelo", também publicado em *Sagarana*) e de Diadorim, Augusto Matraga rompe com o ciclo da vingança abrindo espaço para a construção de uma existência em paralelo. Evitando seguir à risca as regras sociais que comandam o universo social brasileiro, Matraga se transforma num renunciador: numa pessoa *fora deste mundo*.

Ora, foi precisamente essa descoberta que me fez sugerir que o universo social brasileiro, por ser profundamente hierárquico, era marcado por laços sociais imperativos. Essas relações que obrigam a voltar para lavar a honra, que comandam obediência a certos preceitos, apesar de estarem muitas vezes aparentemente ultrapassados ou irem de encontro às preferências individuais. Ataques à honra da família, destruição da "casa", invasão do espaço doméstico demandam uma ação compensatória, pessoal e regeneradora. Ação fundada numa reciprocidade direta que, como as regras que governam a troca de presentes, envolvem os personagens com as leis inexoráveis do dar e do receber. Assim, de Antônio Conselheiro (figura histórica) a Augusto Matraga (personagem de ficção) e Pedro Malasartes (herói mítico), todos estão enredados em narrativas de vingança.[20] Num universo social assim constituído, essas histórias de revertérios biográficos, nos quais os homens viram pelo avesso e o mundo fica temporariamente de pernas para o ar,[21] seriam mecanismos básicos. É o que nos mostra o caso de Matraga, do Conselheiro e do Carnaval, para ficarmos apenas na área das grandes narrativas e dos rituais modelares. Ora, é precisamente essa lógica da inversão hierárquica que me permitiu afirmar, lendo posteriormente a obra de Jorge Amado *Dona Flor e seus dois maridos*, haver uma relação profunda entre vingança, hierarquia e Carnaval. Como se nós tivéssemos, no caso do Brasil, feito um ponto de honra em ficar sempre *entre os dois*.[22] Em outras palavras, o gosto pelo revertério, a fascinação com as relações pessoais, o conflito entre as regras pessoais e impessoais, a luta dos heróis contra as conven-

---

[20] Será que terei que lembrar os "crimes de honra" e os escândalos que os jornais diariamente estampam quando os detentores de cargos públicos nomeiam membros de suas famílias para importantes cargos públicos? Quero apenas dizer que "vingança", "nepotismo", "patrocinato" e "patronagem" política são farinha de um mesmo saco e, como tal, fenômenos dependentes de um poderoso sistema de relações pessoais que atua (instrumentalmente) contra uma "superestrutura" jurídica, fundada no indivíduo, que também faz parte do sistema, constituindo o seu lado moderno. O não entendimento desses dois eixos gera toda a sorte de mal-entendidos políticos e jurídicos, fazendo nascer e revelando a força desses mecanismos que efetivamente permitem juntar o impessoal, o anônimo e o injusto com o pessoal, concebido como o exato oposto.

[21] Lembro-me imediatamente do suicídio de Getúlio Vargas – um suicídio altruístico e de vingança –, que virou os humores e reverteu as forças do sistema político brasileiro em algumas horas. Noto que a "carta-testamento" está vazada de conceitos e preceitos que fazem parte deste universo povoado por "pessoas" morais, pela honra que liga os homens entre si e pela *noblesse oblige* que impede a impessoalização desumana do fraco pelo forte. Valores superados e em mudança? Ou simplesmente onipresentes, mas adormecidos por um processo repressor e pervertido de modernização?

[22] Minha interpretação da obra de Jorge Amado, dentro desta linha, se encontra no livro *A casa & a rua*.

ções e os intermináveis e sofridos triângulos amorosos seriam todos partes de uma mesma constelação dramática.[23] Uma constelação que nos permitiria ler com mais clareza, rigor e discernimento as regras sociais que dão contorno, estrutura e sentido à sociedade brasileira.

Tudo isso também demonstra a possibilidade de realizar uma análise totalizante. Um estudo no qual o social não fica deslocado da sociedade nem a sociedade fica alienada de si mesma. Assim, a obra literária não foi apanhada como algo estranho à sociedade, mas como uma de suas expressões. E isso parece ter possibilitado a descoberta de uma temática onipresente onde quer que, no caso brasileiro, existam drama, romance, excitação narrativa, paradigma, valores, história...

Notre Dame, 20 de fevereiro
e 2 de maio de 1989
Jardim Ubá, 24 de julho de 1992

---

[23] Um amigo que leu essa passagem me disse: "Mas esses são os ingredientes de uma novela da Globo!" O que vem confirmar a atualidade destes elementos na vida social do Brasil.

3
O poder mágico da música de Carnaval
(Decifrando "Mamãe eu quero")

Neste ensaio pretendo estudar sociologicamente alguns aspectos da música popular brasileira, buscando analisar o conjunto de motivações políticas, relações sociais e valores que essas músicas estariam exprimindo. Como é impossível abordar todo o repertório da música brasileira, estarei concentrado no estudo da música popular em geral e, em especial, da chamada "música de Carnaval", gênero musical definitivo mas que dentro dos estudos voltados para a música popular brasileira não tem, até onde sei, recebido muita atenção. Curioso que os especialistas tivessem desdenhado do estudo deste subgênero musical conspicuamente ausente de outros "carnavais" como o Mardi Gras de Nova Orleans (que se compraz em ouvir jazz *dixieland* e rock) e o Carnaval de Nice (no qual as pessoas se refastelam de jazz norte-americano e de algumas músicas locais). Ao que parece, nestes carnavais não há um repertório musical especialmente composto para a ocasião, o qual é teoricamente renovável todos os anos, como tem sido o caso do Carnaval do Brasil de 1910 até pelo menos 1960, quando a música de Carnaval perdeu o seu ímpeto para os sambas-enredo, que, não obstante, continuam reproduzindo o padrão tradicional e são compostos, em estilo de "safra", todos os anos.

No caso brasileiro, a "música carnavalesca" (seja ela a marchinha, o samba ou o samba-enredo) faz o papel dos primeiros frutos que caracterizavam os ritos de calendário tradicionais. Para cada Carnaval, haveria uma "colheita" e uma "safra" representadas pelas novas "canções carnavalescas". A ocasião do Carnaval daria margem à criação de certas músicas, cujo sucesso seria atestado pela sua entrada num repertório musical que – tal como ocorreu com o tango argentino – tende a ser fixo e cristalizado no tempo.

Em relação a esse assunto, Júlio Lerner escreveu para a *Folha de S. Paulo* (em 28 de fevereiro de 1976) um artigo significativo, no qual arrola 17 marchinhas carnavalescas que toma como modelares e fixadoras de um estilo, compostas entre 1910 e 1960. A lista inclui "Pé de anjo" (Sinhô, 1910), "Dá nela" (Ary Barroso, 1930), "O teu cabelo não nega" (Lamartine Babo e Irmãos Valença, 1933), "Aí, hein?" (Lamartine Babo e Paulo Valença, 1933), "Pierrô apaixonado" (Noel Rosa e Heitor dos Prazeres, 1936), "Cidade maravilhosa" (André Filho, 1936), "Mamãe eu quero" (Vicente Paiva e Jararaca, 1938), "Pirulito" (João de Barro e Alberto Ribeiro, 1939), "Alá-la-ô" (Nássara e Haroldo Lobo, 1941), "Aurora" (Mário Lago e Roberto Roberti, 1941), "Nós, os carecas" (Arlindo Marques Jr. e Roberto Roberti, 1942), "Pirata da perna de pau" (João de Barro e Alberto Ribeiro, 1947), "Daqui não saio" (Paquito e Romeu Gentil, 1950), "Tomara que chova" (Paquito e Romeu Gentil, 1951), "Maria Candelária" (Armando Cavalcanti e Klecius Caldas, 1952), "Vai ver que é" (Paulo Gracindo e Carvalhinho, 1959) e "Me dá um dinheiro aí" (Homero e Ivan Glauco, 1960). Na visão estereotipada de Júlio Lerner, tais músicas fizeram sucesso porque espelham uma "crítica suave" dos costumes, fundadas que estão numa ironia superficial e inconsequente, que reflete o momento em que foram compostas. Verá o leitor que minha posição é muito diversa.

A ideia central deste trabalho é que a música popular – tanto quanto a política, a economia, a religião, a literatura erudita, as leis e os costumes, os sentimentos, as técnicas, os gestos e as artes – é veículo através do qual a sociedade se revela, deixando-se perceber como totalidade dinâmica, viva e concreta: como um universo eventualmente dotado de identidade. Como tal, a sociedade seria uma estrutura capaz de segmentar-se internamente, permitindo a percepção de si mesma como constituída de muitas partes em conflito e complementaridade; e também de diferenciar-se externamente, por meio do contraste com outras unidades sociais do mesmo teor ou significado, o que sistematicamente conduz a uma visão (re)integrada de si mesma.[1]

Desta perspectiva, uma sociedade não é algo dado apenas num conjunto de números, mapas, fotografias ou diagramas. Reitero que uma sociedade é tudo isso e mais alguma coisa... Ela pode ser lida de muitas maneiras, mas o fato básico é que sua, digamos, *concretude* é especial, pois lembra a estranha realidade dos fantasmas e das assombrações. A sociedade, assim, tal como os espíritos, existe e nós nela acreditamos, seguimos e obedecemos, mas para poder conversar com ela – para vê-la na sua eventual densidade – é preciso invocá-la e, para tanto, é necessário meter-se

---

[1] No caso da sociedade brasileira, a música popular tem uma importância capital como instrumento de dramatização da vida política, dos valores sociais, dos papéis sexuais, do poder, dos infortúnios, da morte e da doença, do amor, do ciúme, da vingança e da indiferença, do trabalho, do trabalhador, da boemia e da *malandragem*, da cidade e do campo etc. Importância que, nas sociedades burguesas tradicionais, é desempenhada pela literatura. Basta mencionar um tema para encontrar uma canção popular que o comentou – e o fez com inteligência e sofisticação, pondo em foco e/ou relativizando algumas de suas *verdades*. Diante disto não deve ser por acaso que, num país com altas taxas de analfabetismo, a música popular seja um veículo tão importante quanto a literatura nos países cuja cultura é hegemonicamente burguesa. Prova disso a implacável e maciça censura à música popular nos momentos mais negros do regime militar. Ou seja, importava mais vigiar quem podia *ouvir* (e "entender") as "mensagens" da música do que propriamente *ver* e *ler* (que não implica necessariamente *enxergar*).

numa dada posição. Como ocorre com os espíritos, cada sociedade tem seus médiuns específicos, favoritos e apropriados. Há, conforme nos tem ensinado a antropologia social comparativa, uma razoável semelhança formal (ou funcional) entre esses médiuns,[2] mas há também uma perturbadora diferenciação quando se trata de discutir intensidades, escolhas, valores e os seus significados em diferentes sistemas sociais.

Esta posição mostra que a sociedade não se revela gratuitamente. Como a fumaça, o arco-íris, a felicidade ou a música, ela precisa de instrumentos apropriados que permitam sua manifestação, sua percepção, e, a partir disso, sua interpretação será sempre variada e dependente dos médiuns através dos quais ela se cristaliza diante de nós. Não obstante, porém, sua aparição é sempre uma imagem, representação ou descrição dada no sentido amplo de uma leitura. É preciso estar atento a essas coisas para que se possa entender como uma entidade tão fora e tão dentro de nós – a *sociedade* – pode tornar-se, como dizia Émile Durkheim, uma "coisa": algo capaz de exercer coerção moral sobre todos nós.

Na perspectiva deste trabalho, a música popular e, em particular, a "música de Carnaval" seriam "leituras" específicas da sociedade brasileira por ela mesma. Ou, para parafrasear Clifford Geertz e sua conhecida e elegante fórmula hermenêutica: a música popular em geral e a música de Carnaval em particular são manifestações concretas da sociedade brasileira. São dramas que ela representa para si mesma de uma dada perspectiva e em certos

---

[2] Neste sentido, pode-se deduzir que instituições seriam necessárias para o *funcionamento* de uma sociedade. Nesta linha, todos os sistemas sociais devem ter língua, religião, códigos morais, jurídicos, modos de explorar a natureza, tecnologia etc. Ficar neste nível, porém, como faziam os *funcionalistas* dos anos 1950, é contentar-se com pouco. A tarefa da pesquisa seria precisamente a de ultrapassar o plano das universalidades funcionais para chegar às diferenciações que dão significado concreto aos vários sistemas.

momentos. Assumindo esta postura, estou interessado em abrir uma discussão cujo alvo é saber como a chamada "música de Carnaval" elabora, reflete, apresenta e dramatiza certos valores da sociedade brasileira, fazendo com que eles se tornem legíveis enquanto atores relativamente autônomos, e não apenas como elementos que estariam colaborando positiva (ou negativamente) – vale dizer, funcionalmente – para a operação do sistema social.[3]

Sustento, portanto, que o drama (e a "dramatização" ou a "ritualização" que lhe sao inerentes) pode ser interpretado como um método que permite construir e assim elaborar "pedaços" do mundo, tornando-os significativos por sua focalização, destaque ou deslocamento. Um dos mecanismos mais conhecidos de deslocamento é a mudança de escala, ou seja, a ampliação ou diminuição do objeto a ser deslocado relativamente ao seu contexto original ou costumeiro. Um outro é o seu afastamento dos ambientes com os quais o objeto mantém um elo de funcionalidade ou de familiaridade. Um martelo não representa nada numa oficina mecânica, mas pode ser um símbolo subversivo quando pintado num muro... Conforme disse em outro lugar, um dedo é apenas um simples dedo até que é destacado por um anel de grau ou uma aliança. Do mesmo modo, uma cabeça é uma cabeça até que nela se ponha um chapéu ou uma coroa. Um livro diz menos numa biblioteca do que quando se acha deslocado num cemitério, praia ou cinema... Ora, são essas possibilidades de "destaque" promovidas por um "deslocamento" que permitem a manifestação relativamente exclusiva e focalizada de certos valores (relações e/ou objetos) sociais, constituindo-se no ingrediente básico da simbolização e da ritualização.[4] Neste sentido, a música é uma dramatização dos

---

[3] Para considerações importantes de um especialista em música e sociedade, leia-se Seeger, 1980.

[4] Para uma elaboração deste ponto, veja-se DaMatta, 1979.

sons. Inventando, destacando e deslocando sons de seus contextos originais e sobretudo combinando-os de modo especial, a música revela um plano através do qual podemos (re)construir o mundo e, assim fazendo, ouvir, dialogar e, sobretudo, senti-lo e "enxergá-lo" como algo concreto, repleto de sentido e intencionalidade.[5]

II

Qualquer brasileiro conhece a expressão "música de Carnaval". Trata-se de um subgênero da música popular composto especialmente para o Carnaval, embora possa ser tocado em qualquer época ou situação social. Conforme ensina a experiência brasileira, este tipo de música é um recurso poderoso quando se quer "animar" determinado ambiente, fazendo com que as pessoas nele implicadas dancem e "pulem" – "brinquem", conforme falamos no Brasil – o Carnaval ou qualquer situação festiva que recrie o seu clima. Estamos, portanto, diante de um gênero musical com características bem marcadas, inventado com o propósito explícito de veicular certo tipo de comportamento. Realmente, esta modalidade de música frequentemente conduz ao que pode ser chamado de "ação carnavalesca", de sorte que elucidar a "música de Carnaval" equivale a elucidar alguns componentes básicos da "ação carnavalesca brasileira".

---

[5] Não há instrumentos que revelem melhor a intencionalidade do que o mito e a música, os quais promovem o seu desfecho ao enunciarem suas primeiras frases ou acordes. Como objetos determinados por um "início", um "meio" (ou clímax) e um "fim", música e mito se revelam como estruturas fechadas que ancoram e sustentam uma temporalidade fechada e própria, prenhe de intenções e sentidos, como de resto já acentuaram Lévi-Strauss no seu *Mythologiques* e Thomas Mann em *A montanha mágica*. Assim, ao ouvirmos o velho "era uma vez..." ou as notas iniciais de uma canção, de certo modo passamos a conhecer a canção inteira.

Comecemos a investigação desses componentes fazendo a seguinte pergunta: O que faz um brasileiro ou brasileira quando ouve uma música de Carnaval? Ouvidos os primeiros acordes, é certo que movimentará o corpo "acompanhando" a música. Falar em "acompanhamento" já é revelador, pois indica uma atitude que deseja ir além da mera audição, postura típica das plateias diante de outros gêneros musicais e em outras sociedades. Assim, a expressão "acompanhar a música" pode exprimir tanto uma participação técnica restrita quanto uma participação aberta, livre, expressiva, e culturalmente estereotipada quando o ouvinte reconhece a melodia e a "acompanha" usando a cabeça e as mãos, fazendo "caras", "bocas" e certos gestos. "Acompanhar" uma melodia no Brasil, portanto, exprime um relacionamento especial com a música, um elo que obriga o corpo a ser testemunho vivo do envolvimento provocado pela melodia. Mas os modos de participação são diversos. Se o ouvinte for mulher, provavelmente entoará a letra da canção primeiramente baixinho e sem muita confiança para em seguida cantar a plenos pulmões e até mesmo dançar, se houver acordo e empatia do grupo. Se for homem, poderá relutar em cantar imediatamente, mas com certeza realizará alguma batida com os dedos ou as mãos, como forma específica e certamente masculina de acompanhamento. Como se as mulheres estivessem destinadas a exprimir a música preferencialmente pelo canto, uma dimensão que destaca a melodia e a continuidade; ao passo que aos homens coubesse a sua expressão por meio do ritmo – dimensão que diz respeito à percussão e que serve para ancorar e dar forma à peça entoada, o que se realiza com ajuda de um *pau*.[6]

---

[6] Assim, os homens batem com seus cacetes, cajados, bastões, cambitos, madeiras, varas, vigas, mastros e hastes, no "couro" redondo e elástico de um tambor, para sustentar a melodia. Neste sentido, é importante observar que o centro musical das escolas de samba – a *bateria* – é um conjunto exclusivamente fundado na percussão e dominado por homens.

Tudo isso revela modalidades tradicionais ou estereotipadas de comportamento diante da música. No Brasil, quando se ouve música, seguem-se determinados padrões que objetivam exprimir a música e dialogar com ela, sem entretanto deixar de usá-la como um meio de constituir (e de distinguir) papéis, atitudes, posições sociais e sentimentos. Daí a tradicional predisposição das mulheres a deixarem-se envolver mais cedo pela música que as faz logo dançar, o que não seria o caso do comportamento masculino. Para os homens, trata-se de manter o controle e de mostrar resistência diante da sedução e de um eventual englobamento (ou "posse") musical. Por isso devem entrar na folia de forma lenta, calculada e segura[7]... Primeiro, batendo com os dedos e com as mãos, depois cantando e, finalmente, dançando junto *com* as mulheres e *como* as mulheres. Deste modo, logo que se ouvem os primeiros acordes de qualquer "música de Carnaval", é comum ver o brasileiro procurar imediatamente uma pasta, panela, copo ou caixa de fósforos para realizar um acompanhamento na forma de percussão rítmica, que entre nós transformou-se numa arte bastante disseminada de interpretar e "acompanhar" a música popular.

O resultado destas disposições é um auditório móvel e dinâmico, com as mulheres em pé, balançando e requebrando o corpo de modo característico – numa gesticulação que destaca os braços (realçando os seios) e acentua exageradamente os quadris, enquanto o contingente masculino se destaca mais pela abertura horizontal dos braços – na forma de um abraço exagerado, amplo e generoso.[8] Mas se as mulheres abrem menos os braços, elas

---

[7] É um dado bem estabelecido no Brasil que os homens precisam beber antes de se atirarem à brincadeira carnavalesca. As mulheres, ao contrário, não precisam de bebida para tanto.

[8] Um notável observador da sociedade, Luís da Câmara Cascudo, chama esse abrir de braços "o grande gesto carnavalesco", dizendo o seguinte: "Nos momentos de excita-

acabam destacando mais os quadris no típico e sensual "remelexo brasileiro", algo efetivamente difícil de realizar em certas partes do mundo, mas que nós, brasileiros, ingenuamente consideramos como "natural" e – quem sabe? – até mesmo próprio da espécie humana como um estilo espontâneo de "acompanhar" a música de Carnaval e a música popular em geral.

A "música de Carnaval" é, então, um gênero musical que estimula esse tipo de comportamento e que mede o seu sucesso pelo "movimento" que é capaz de imediatamente induzir e determinar. Uma canção de Carnaval bem-sucedida é certamente aquela que induz um dado grupo a certo frenesi de recordações[9] (caso se esteja fora do momento carnavalesco) ou de ações (caso se es-

---

ção explosiva, erguem os braços para o alto, as mãos abertas, como aguardando dádivas. Atitude de *enthusiasmos*, a possessão divina, alegria sagrada pela presença dionisíaca. A posição, prolongando, ampliando a estatura, exibe o centro de interesse, na visão integral da figura movimentada, irradiante de júbilo." E significativamente para o que vou desenvolver aqui, complementa: "Parece comandar a todos o *alegrai-vos!* báquico. Dançai! Bebei! Vede o meu exemplo!" (Cf. Câmara Cascudo, 1976:51)

[9] Uma das pessoas mais importantes da minha pesquisa, Marcelino Perdigão, das camadas médias, cabelos grisalhos, olhos muito vivos e brilhantes quando falava de música, sexo e jogatina, aposentado da Secretaria de Fazenda do Estado do Rio de Janeiro, dizia que não podia ouvir "Quem sabe, sabe/Conhece bem/Como é gostoso/Gostar de alguém", sem recordar os velhos bailes do High Life e do Bola Preta no Rio de Janeiro, que ele frequentava escondido da mulher e acobertado pelos amigos. Ouvindo essa música, recordava-se incontinente de velhos amores, de encontros fortuitos e, com eles, de uma jovem pesquisadora paulista – "uma professora muito educada e interessante" ("falava línguas...") – que veio ao Rio para pesquisar o Carnaval. No baile de domingo do High Life os dois se descobriram enquanto a orquestra tocava "Quem sabe, sabe". O *saber* dos versos cantados entre os trejeitos cada vez mais desabusados de corpos, caras e bocas os abriu a um encontro que coincidia com o papel que ali desempenhava a professora, criando uma zona de intensa curiosidade e atração. No início do baile dançou timidamente, sem abandonar seu livrinho de notas e uma boa caneta-tinteiro. Mas na virada da meia-noite, quando "Quem sabe, sabe" tocava pela terceira ou quarta vez, a pesquisadora foi possuída pelo Carnaval. Meu informante ajudava nesta "posse" usando o "sabe" da marchinha para fazer alusões ao que "mais poderia a professora *saber*, além de sociologia e filosofia?..." Sábia e séria, mas aberta à vida, a "douta pesquisadora" não resistiu ao poder das palavras. A coincidência do sério da "pesquisa científica" com o riso do Carnaval virou um bom e paradoxal pres-

teja em pleno Carnaval). Mas em qualquer caso ou tempo, a esse gênero de música corresponde uma ação especial (que pode ser descrita como "carnavagem"[10]) e que tem relação direta com a sedução, com uma gesticulação concertada e coerente que objetiva um encontro erótico generalizado, envolvente e harmonioso, mesmo quando se está pulando, dançando e cantando.[11] Melhor dizendo, a "carnavagem" quer descrever uma situação na qual as pessoas são mobilizadas visando a um envolvimento totalizado ou holístico, isto é, por meio de muitas mídias como o canto, a dança, os gestos, as disposições internas, o tato, o gosto e o olfato.[12]

Ao lado deste padrão de participação, sabe-se que a "música de Carnaval" é para ser cantada e "brincada", jamais para ser so-

---

ságio. Impossível resistir ao par insinuante, ao conquistador bonito, à alegria sedutora da noite carnavalesca. Foi a letra daquela marchinha simples que os uniu numa entrega inesquecível naquele baile de Carnaval. Relembro agora essa lembrança tocante e significativa do meu principal informante, do homem que mais me ensinou sobre a arte carnavalesca, e vejo novamente Marcelino falando animado da pesquisadora que gradualmente virava "amante carnavalesca"; mulher que se divertiu com ele "descompromissadamente, animadamente e decididamente durante todo o baile para depois sumir no asfalto do Rio de Janeiro". Inicialmente fez as perguntas de praxe, depois, conforme disse o informante: "Foi possuída pelo Carnaval e, entre suspiros e citações de Platão, Hegel e Freud, mandou a pesquisa à merda e entrou na sacanagem!" Na varanda, entre cheiros de lança-perfume e deliciosos beijos de língua, transformou-se em "pesquisadora do desejo". Com o gelo derretido pelo "saber" da marchinha carnavalesca, tudo experimentaram e, "no entanto, jamais trocaram uma indiscrição" ou se mostraram como efetivamente eram "no mundo real e chato do cotidiano". Todas as vezes, portanto, que esse informante ouvia "Quem sabe, sabe", lembrava-se desta pesquisadora que "virou pesquisa". Agora mesmo, quando releio essas notas, vejo Marcelino Perdigão – velho, carcomido pela doença, próximo do fim, mas com os olhos brilhantes de orgulho de ter vivido o "verdadeiro Carnaval brasileiro" – concluir com um pesado, mas sentido lugar-comum: "Uma loucura, aquele Carnaval com a pesquisadora..."

[10] "Carnavagem" é um neologismo inventado pela turma do *Pasquim*. Trata-se, é claro, da soma (ou do casamento) de *sacanagem* com *Carnaval*.

[11] O mesmo Marcelino lembrava que num baile realizado no *bas-fond* do Rio de Janeiro, por volta de 1940, havia uma mulher – chamada de "a mulher do engenheiro" ("um tipão de mulher, loura, grande, *vamp*, louca por uma pica, que o engenheiro não lhe dava na devida proporção") – que pedia, na loucura da festa, para "ser fodida" e "bem fodida" em público e no ritmo da música. Quando o baile "esquentou" isso foi

mente ouvida. Aliás, vale lembrar que uma das características mais marcantes da música popular em oposição à erudita é o fato de que a primeira é feita para deflagrar algum tipo de ação, ao passo que a segunda jamais é acompanhada, mas somente ouvida.[13] No Brasil, como em outros países, fala-se da música popular como um gênero musical que contém, entre outros subgêneros, a "música para dançar", "comer", "comprar", "tirar sarro" e "relaxar". Trata-se, como vemos, de uma modalidade musical que predispõe e conduz a pelo menos uma dupla integração: primeiro, a integração motora ou física do ouvinte com a melodia e com a letra da mú-

---

realizado sem problemas, engendrando um momento inesquecível, no qual todos "trepavam", riam e relativizavam a atividade erótica, relacionando-se sexualmente, como dizia meu informante, "com muita harmonia, com muito riso e com muita fraternidade". "Esse foi o maior exemplo de comunismo que vi na minha vida", comentou ele – que se definia como "simpatizante comunista" – entre risos, no final da entrevista...

[12] Não deve ser por mero acaso que o Carnaval brasileiro tenha banido a comida (que hierarquiza e ajuda na diferenciação social e regional) e institucionalizado a serpentina (que permite a relação efêmera e carnavalesca entre as pessoas por meio de finas tiras de papel colorido), o confete (que cria um movimento carnavalesco no próprio ar e podia ser jogado agressivamente dentro da boca das pessoas) e, finalmente, o lança-perfume. Para quem não sabe, tal era o nome dado a um tubo metálico ou de vidro cheio de éter e perfume sob pressão que servia para "perfumar" e embriagar as pessoas. Com isso, mobilizava-se também o olfato, ou melhor, o *olfato à brasileira*, o *cheiro* para dentro dos salões. Quem participou dos carnavais nos quais o lança-perfume era usado sabe muito bem que a expressão "me dá um cheirinho" tinha um sentido duplo. Um dos meus informantes me relatou que, em pleno Carnaval de 1951, no interior do estado do Rio de Janeiro, pediu um "cheirinho" a uma belíssima jovem, "com pinta de menina de família", e qual não foi sua surpresa quando ela, em vez de lhe dar o lança-perfume para a tirada de uma boa prise, abriu-lhe as grossas coxas e, indicando o seu sexo, disse: "Quer cheirar? Pois cheira!" Para muitos informantes de mais de 50 anos, o cheiro característico do lança-perfume permite uma recordação olfativa do Carnaval brasileiro. Ou seja: o nosso Carnaval tem, como as missas solenes, *cheiro*!

[13] Esse "cisma" entre música erudita e popular diz respeito a uma situação moderna, sendo obviamente relativo, já que sabemos que muitas músicas eruditas foram populares e serviram como veículos para manifestações sociais e políticas importantes no momento em que foram compostas. Do mesmo modo, a música popular pode igualmente divorciar-se da ação e ser ouvida de modo desencarnado, tal como ocorre num concerto de música erudita.

sica; depois, do músico com a audiência, o que muitas vezes leva à sua eventual e bakhtiniana "carnavalização" ou troca de lugar. Isso é claro em muitas modalidades de música pop e de jazz, nas quais o objetivo do artista é efetivamente envolver sua plateia, promovendo uma mistura entre artistas e audiência que rompe o tabu da divisão insuperável entre atores e espectadores vigente na música erudita.[14]

Realmente, a "música popular" se concretiza seguindo aquele padrão que na sociedade ocidental forma um eixo básico do sistema de classificação. Quero me referir à oposição entre uma atividade que se define como "um fim em si mesma" – como é o caso da música erudita, que remete à contemplação dentro da fórmula antiutilitária, mas profundamente burguesa da "arte pela arte"[15] – e aqueles gêneros musicais que seriam "meios" para muitas coisas e, quando ouvidos, engendram o justo oposto: liberam as emoções que a vida burguesa tende a reprimir, produzindo vontade de fazer

---

[14] Conforme ensinou Mário de Andrade num estudo clássico: "A música possui um poder dinamogênico muito intenso e, por causa dele, fortifica e acentua estados de alma sabidos de antemão." (Cf. Mário de Andrade, 1972: 41). Tive uma inesquecível experiência desta " carnavalização" no show *Seis e meia* produzido pelo meu amigo Albino Pinheiro, em março de 1982, no Rio, quando testemunhei o cantor Cauby Peixoto carnavalizar-se, fazendo cantar um auditório de mil e tantas pessoas que com ele trocavam prazerosamente de lugar. Essa possibilidade de "inversão carnavalizadora" tem sido indicada por alguns musicólogos, como Henry Pleasants – no seu livro *Serious Music and All that Jazz* –, que observa como no jazz os "reis" (Nat "King" Cole), "condes" ("Count" Basie) e "duques" ("Duke" Ellington) não estão na plateia, mas tocando...

[15] A sociedade burguesa tenta tudo racionalizar, fazendo com que o dinheiro seja uma medida exclusiva. Uma medida que legitima a relação calibrada dos meios com os fins. A atitude contemplativa exigida pela arte erudita faz parte deste programa que requer uma "atenção distanciada" e um "prazer controlado" ou disciplinado, marca registrada do universo burguês. Mas, para obter isso, o domínio da arte e do esporte foram paradoxalmente deixados em aberto como esfera na qual o "dom" e o carisma do talento competem com o paulificante e racional treinamento que ilusoriamente iguala a todos. Assim, na "arte" e no "esporte", produzem-se simultaneamen-

alguma coisa e, com isso, intensa participação. Assim, esse gênero musical tende a ser sempre qualificado e, como tal, desdenhado pelas camadas mais estabelecidas da sociedade.

De qualquer modo, uma das maiores atrações exercidas pela música popular é certamente a sua capacidade sedutora e mágica de encapsular, num só veículo, ideia, emoção, palavra e ação. O que a transforma num veículo capaz de exprimir sentimentos complexos (como o amor, a inveja, o ódio, o ciúme, a nostalgia ou o desprezo...), e harmonizar emoções com um padrão de ação especial: a dança e o canto ou os dois conjugadamente. Em geral, a música popular desfia uma narrativa e a harmoniza com vivências e circunstâncias do mundo ordinário. De sorte que, sem maiores cerimônias, mas sempre com muito poder de sedução, ouvimos alguém nos dizer que sua amante acabou de abandoná-lo; ou que ele (ou ela) finalmente encontrou aquele tesouro formidável, o amor romântico, que permite, ao menos pela via musical, juntar forma e conteúdo, homem e mulher, passado e presente, paixão e abandono – enfim, tudo com tudo...

Nada é alheio ou indiferente a este gênero musical que traz ao nosso mundo de alta tecnologia e impessoalidade, universo das multidões solitárias, não somente a mulher (ou o homem) desejado, mas também a lua, o mar, os lábios, os braços, o coração – sem,

---

te uma reafirmação e uma crítica domesticada do sistema. Nestes domínios valem mais a "fantasia", a intuição, a "magia", o *"glamour"*, o "charme" e o "it" que conduzem ao "êxito" e ao "sucesso" do que a racionalidade que se apoia na relação transparente dos meios com os fins. Assim, o sucesso como categoria é um mistério modemo, cuja fórmula precisa escapa até mesmo aos especialistas da Madison Avenue. Deste modo, "arte" e "esporte" são áreas autorreferidas que rejeitam a racionalidade institucionalizada que comanda o sistema. Na "arte" e no "esporte" podem-se legitimar "vocações" que, às vezes, lembram a dos renunciantes indianos. Como áreas abertas a todos, esses domínios talvez possam ser lidos como verdadeiras máquinas de domesticação da dissidência, da discórdia e da revolta.

naturalmente, esquecer a noite e as estrelas cuja poeira povoa os campos do nosso coração.[16]

De modo geral, a música popular brasileira segue este padrão. Mas, na "música de Carnaval", o projeto é ir além do mero canto melódico e harmonioso que relembra, conceitua, invoca e lamenta desejando o amor, explicitando a felicidade de ser amado ou recordando a mulher amada ou sua perda. Pois neste gênero há uma simplicidade que permite a participação de todos na música e na ação que ela implica. Trata-se, portanto, de uma modalidade de música que vai além da popular, pois deseja mais do que ser ouvida, cantada, dançada e vivida.

O que parece básico nesta forma musical é a ideia carnavalesca de sedução, de posse, de envolvimento e, simultaneamente, de relativização que produz uma benfazeja renovação cíclica. Assim, a música de Carnaval atualiza uma concepção e um padrão de desempenho diferentes daqueles da música popular. Refiro-me ao fato de que a música popular requer e sobretudo depende de um intérprete. Um *cantor* (ou *cantora*) que materializa a melodia, "endereçando-a" a um público de modo direto e pessoalizado. Realmente, na música popular – das baladas românticas interpretadas por Bing Crosby, Nat King Cole, Frank Sinatra, Ella Fitzgerald ou Elis Regina e Cauby Peixoto às serenatas de Orlando Silva, Sílvio Caldas e Nelson Gonçalves; ou o rock de Elvis Presley, Tina Turner ou Elton John – o intérprete é fundamental, ainda que seu desempenho seja personalizado e intimista, dando a impressão de

---

[16] Estou pensando em músicas como "Stardust", "All of Me", "You'll Never Know", "It's Magic", "With a Song in My Heart" e "Night and Day", peças que, conforme me disse um informante de camadas médias com 54 anos de idade, harmonizavam em suas letras, romanticamente açucaradas e fáceis de gravar, mensagens indizíveis e melodias que penetravam o corpo, "fazendo palpitar de desejo o meu coração então (e sempre) adolescente".

facilidade. Ou seja, realizado através do grito explosivo que canta subversivamente assuntos tabus, como *sexo, drogas e rock'n'roll*, transcendendo as regras burguesas, o que leva a uma dupla transformação. De um lado, a da multidão de cidadãos compartimentalizados, bem-comportados e solitários em turba solidária que tribalmente delira e aplaude seu líder absoluto, e, de outro, a outorga ao ídolo-cantor de "direitos orgiásticos" que abrem uma trégua nas rotinas de um dia a dia bem-comportado. Tudo isso mostra como na música popular a interpretação é uma arte sofisticada e uma "ciência" complexa.[17]

Entretanto, na música de Carnaval a interpretação não parece ser tão saliente. Nela, o que se destaca é a música como um todo. Daí, provavelmente, o padrão musical que alterna a voz de um cantor (ou cantora) e um estribilho repetido ou cíclico, que fixa a melodia e a lembrança da letra. Para tanto, a presença de um coro é básica. Sendo assim, o padrão de desempenho da música de Carnaval intercala um intérprete que apresenta um tema e declama os versos e um coro que em seguida os repete explicitamente, convidando e provocando a participação de todos os ouvintes. Tal padrão, deve-se observar, é plenamente coerente com o dos desfiles carnavalescos, nos quais os grupos se apresentam alternando um *destaque personalizado* (no desfile das escolas de samba, o "destaque" é frequentemente uma celebridade que faz o papel de um personagem básico do "enredo" representado pelo grupo) e uma *coletividade anônima* representada por um grupo ou uma

---

[17] Uma matéria da revista *Newsweek* (de 11 de janeiro de 1988), sobre os cantores de música popular americana tradicional, hoje em processo de renascimento, assinada por Cathleen McGuigan, Jeanne Gordon e Linda Wright, confirma isso quando afirma: "O poder de iluminar das mais brilhantes estrelas [cantoras] de cabaré vem não somente das qualidades literárias do seu material, mas de um estilo performativo dramático. 'Eu posso criar um personagem em miniatura numa canção, porque muitas canções são como cenas'", diz um desses artistas.

"ala". Tal como ocorre na vida política nacional, na qual os movimentos sociais têm ineludíveis vanguardas e destaques – figuras individualizadas, superiormente localizadas, muitas vezes cheias de "carisma carnavalesco", que atraem todos os olhares, e um coro de seguidores, simpatizantes, indiferentes ou inimigos que, despersonalizados enquanto povo e massa, devem ser guiados, esclarecidos, conquistados e neutralizados.

Relativamente às letras, a música de Carnaval procede do mesmo modo, "cantando" assuntos unânimes e apresentando mensagens "universais". Enquanto a música popular pretende ser séria, opinativa e até mesmo profunda – como ocorre, por exemplo, no caso do tango argentino, da balada e da *folk-music* americana, do bolero mexicano, das serenatas, canções românticas e de alguns sambas –, a música de Carnaval nada demanda ou pretende dizer, permanecendo fiel ao ritual que ela ajuda a constituir, festa que também nega a si mesma qualquer "seriedade". Dizendo, pois, que não diz nada, a música de Carnaval pode falar de tudo, mesmo em situações nas quais o ouvido das autoridades deseja erradicar qualquer crítica social. Não é então por mero acaso que as músicas de Carnaval mais populares e bem-sucedidas do Brasil são canções que tematizam um amplo espectro temático. Há, pois, algumas músicas que dramatizam a bajulação política, a morte, o colonialismo, o pecado, a Bíblia e o catolicismo (sobretudo as relações entre Adão e Eva), e o amor romântico desejado e universal que seria único e eterno (mas que no Carnaval é relativizado e renovado). E outras que relativizam o casamento monogâmico (no Carnaval, é um interdito "brincar" com o marido ou a mulher),[18] a velhice e o passar dos anos (o Carnaval é todos, crianças, jovens e velhos), as relações sociais e o preconceito racial revela-

---

[18] Quantas vezes esposas e maridos não se flagraram mutuamente em bailes de Carnaval? Ocorre, porém, que no Brasil as histórias mais conhecidas são as dos maridos

do nas suas (in)versões mais profundas, como ocorre na música "O teu cabelo não nega" (ou o "Teu cabelo não, nega!").

O que temos nesta longa lista são "músicas declarativas" que afirmam as verdades mais gerais e profundas da sociedade brasileira. Axiomas morais costumeiros que, como todas as verdades gerais, aceitas e bem estabelecidas, nem por isso podem ser proclamadas abertamente. Como é, por exemplo, o caso das músicas que ridicularizam o homossexualismo masculino e feminino (quem não cantou agressivamente "Maria sapatão" ou "Olha a cabeleira do Zezé"), o trabalho (quando se afirma com confiança e com um sorriso malandro: "Trabalho, não tenho nada/De fome não morro, não/Trabalhar, eu não, eu não..."), o casamento (quando se proclama que "Se a vida de casado é boa/A vida de solteiro é melhor/Solteiro vai pra onde quer/Casado tem que levar a mulher..."),

– todos machões – "pegos", por suas esposas, com "outras mulheres"... Tal seria o modelo que confirma, num nível profundo, os papéis de "marido" e "mulher" entre nós. Assim, tais narrativas enfatizam o marido seduzido e sedutor, encantado por outra mulher, sua esposa que o flagra e faz um escândalo, a decisão do marido de permanecer com a esposa e, finalmente, a reconciliação que renova e recicla o amor e o laço conjugal. Raramente se sabe de narrativas opostas. Entretanto, elas existem. Um informante me contou o seguinte: num baile de Carnaval em casa de honesta família urbana e burguesa, após muitos copos de vinho e músicas de Carnaval bem reproduzidas no novo aparelho de som recém-adquirido na grande loja de departamento, a dona da casa declara ao marido alto e bom som, surpreendendo a todos: "Você pensa que é o tal? Você pensa que é o machão e que sabe trepar?!!!" O marido, flagrado, tenta o pano quente: "Querida, você está altinha... Deixa isso pra lá..." Mas a mulher com a fúria que as músicas ajudam a relativizar e tornar menos grave, insiste: "Nada disso, sei que vou apanhar depois da festa, mas tem que ser hoje. Hoje você tem que saber que bom é cama mesmo; homem pra valer não é você não!!!! É o doutor Garcia!!!" A evocação do nome do amante não baixou o facho da turma, mas quebrou um pouco a animação. Invertia todas as expectativas. Meu informante ouviu algumas pessoas confabulando em volta do salão de baile: "Quem é esse doutor Garcia?" Tirando esse momento de desagradável reflexão forçada, a festa correu sem incidentes até o amanhecer. O porre conjugal fez marido e mulher esquecerem o incidente de uma confissão carnavalesca fora de hora. Mas meu informante nunca mais deixou que sua mulher fosse ao consultório do doutor Garcia, que era também o bom pediatra de seus filhinhos...

exaltam o alcoolismo (quem não se lembra das marchinhas "Sacarolha" e "Ressaca") e invertem a imagem idealizada da mulher como dona de casa e da família, como acontece em "Dá nela", em "Maria escandalosa" e em "Mulata assanhada".[19] É claro que a eficácia simbólica destas declarações reside no fato de que a música é "boa" e "fácil" de ser "cantada". Com uma letra simples, curiosa, cheia de insinuações e inversões, a boa música de Carnaval satiriza, introduz e encoraja o proibido, o interdito e o imoral, mas sem entrar no explicitamente pornográfico. Tais elementos aproximam essas músicas dos atos performativos (Cf. Austin, 1964 e Tambiah, 1985), que fazem e estimulam que façamos coisas.[20] Tal como o próprio Carnaval, essa modalidade de música sugere mais do que realiza e inventa mais do que revoluciona, provocando mais a ação simbólica e compensatória do que a que guarda um elo calibrado entre meios e fins.

Se pensarmos nas formas de comunicação dominantes dos três modos de ritualização vigentes na sociedade brasileira – os ritos da religião, os cívicos ou do Estado e os orgiásticos ou carna-

---

[19] A mulher é um assunto permanente na música popular brasileira. Basta recordar as composições que cantavam a "mulata", a "moreninha" e a "lourinha", todas lançadas entre 1933 e 1935, anos que curiosamente sofriam o impacto revisionista do racismo à brasileira de *Casa-grande & senzala* de Gilberto Freyre, publicado exatamente em 1933. A música que prototipicamente define o conflito entre "mulher da casa" e "mulher da rua", ou "da vida", é obviamente o samba de Mário Lago e Ataulfo Alves, *Ai que saudade da Amélia*, no qual um homem dividido entre esses dois modelos de mulher canta para uma mulher da vida a saudade da Amélia, uma mulher da casa que, como afirma a música, "não tinha a menor vaidade/Amélia é que era mulher de verdade".

[20] Essa disjunção entre uma moldura moral formalista e para inglês ver, utilizada somente para mascarar a obscenidade da letra, e um público que a entende em todos os níveis, ajuda a criar uma forte cumplicidade entre a música e o público. Cumplicidade que a *malandragem como valor* institucionalizou na sociedade brasileira, sobretudo após a Abolição e a Proclamação da República, quando o igualitarismo burguês é oficialmente adotado, entrando em choque direto com práticas sociais hierárquicas. Para uma análise da pornografia nas letras do Rio de Janeiro na virada do século, veja-se Dino Preti (1984).

valescos –, veremos que a cada um deles correspondem três códigos específicos de comunicação verbal e social. Nos primeiros, a *reza* é o modo privilegiado de comunicação. Nela, temos uma modalidade de ação verbal que mobiliza (e engloba), pela restrição e controle do corpo, homens e deuses, este mundo e o outro, numa forma convencionalizada de retórica que junta o eterno ao transitório e o sagrado ao profano. A reza se distingue de outras formas de discurso de muitas maneiras. Primeiro, porque se constitui por fórmulas fixas. Depois, porque essas fórmulas, cujo ponto extremo são mantras, ladainhas e jaculatórias, representam modos de endereçamento considerados tanto infalíveis quanto consagrados. Em terceiro lugar porque são obscuras ou ininteligíveis, geralmente faladas numa língua secreta, ou de modo tão convencionalizado que o fiel tende a repeti-las como fórmulas, perdendo de vista o seu significado completo. Finalmente, a reza limita a individualidade do fiel, fazendo com que, repetindo fórmulas consagradas, seja verdadeiramente englobado pelo sistema de crenças representado pela prece. Tudo isso é ainda mais acentuado pela emissão de voz na reza, geralmente feita na forma de um canto suplicado e lento, ou como um discurso sussurrado, no qual a recursividade dos sons e o ritmo sincopado das frases permitem a agregação de muitos rezadores, salientando a humildade, o temor e o respeito da pessoa (ou do grupo) quando ele se dirige aos santos e a Deus. De acordo com essa mesma lógica, reza-se de joelhos, de mãos juntas e de olhos e cabeça baixos, gestos indicativos de uma atitude de recolhimento que objetiva demonstrar a rejeição temporária "deste mundo". São essas atitudes que garantem a eficácia da prece, uma forma de sociabilidade das mais intrigantes, conforme mostrou pioneiramente Marcel Mauss (1968).

Já os rituais cívicos são marcados por formas de falar formalizadas, chamadas entre nós de *discursos*. E aqui temos uma distinção radical entre o orador que fala ao grupo e a sociedade que o escuta. Em contraste com a reza, o envolvimento provocado pelo discursante é limitado, gradual e definido como racional, instrumental, controlado. Trata-se de uma modalidade de comunicação calibrada pela velha fórmula das relações entre meios e fins. Assim, o orador usa recursos retóricos especiais para realçar seus argumentos, de modo que seus objetivos possam ser atingidos. Para cada situação, momento e assunto há um discurso e um modo específico de falar.

Muito diferente, entretanto, é o caso do canto e do ato de cantar. Sobretudo quando se trata do Carnaval, ocasião em que o canto é apenas uma espécie de ponte para o envolvimento total do público, promovendo até mesmo a submersão e o desaparecimento do cantor na carnavalização, que, como vimos, suprime as barreiras entre atores e espectadores e permite que todos troquem de lugar. É interessante chamar atenção para algumas disposições topográficas do Carnaval, reveladoras de um simbolismo espacial bem estabelecido. Refiro-me ao fato de que no baile de Carnaval do Brasil a orquestra e o cantor não têm importância. Realmente, em bailes de Carnaval não há apresentação de grandes cantores, de vez que no Carnaval o cantor é o próprio público que "pula", "canta" e "brinca" nos salões. O "cantar" do Carnaval é apenas um momento especial e dramático do "cantar" do mundo diário. E não se pode esquecer que no Brasil o verbo cantar é polissêmico, tendo como conotação básica a ideia da harmonização entre pessoas com interesses divergentes, sendo muito usado nas conversas que encaminham uma relação amorosa. Um brasileiro (ou brasileira) diz que "vai cantar uma mulher" (ou um homem) para informar os primeiros passos de uma conquista ou encontro amoroso. Entre nós o encontro e a conquista se exprimem por dois verbos ligados à atividade oral: o cantar (no momento inicial da relação)

O PODER MÁGICO DA MÚSICA DE CARNAVAL 87

e o comer (no momento mesmo da relação ou na sua finalização).[21] Por isso, diz-se que primeiro se canta e depois se come! Inicialmente, há a atividade de dizer coisas da boca para fora para seduzir e encantar a pessoa que é objeto do nosso afeto, depois há o momento de comer ou englobar socialmente o outro, colocando-o boca adentro.[22] Mas o ponto básico é descobrir que a música de Carnaval segue sintonizada com essa ideia de canto, isto é, com a possibilidade de harmonizar um universo social que se sabe profundamente dividido e hierarquizado no seu cotidiano.

As figuras de retórica brasileiras, portanto, exprimem ações e espaços possíveis, denunciadores de uma gramática de situações. A reza remete a um encontro íntimo com Deus e com os santos, sendo a linguagem básica de comunicação entre este mundo e o outro. O discurso e a fala formal servem como elementos de ligação entre os que detêm o poder e aqueles que não o controlam. Trata-se de uma forma de linguagem que vem da rua para a casa, chegando através do chefe, o *paterfamilias* – a pessoa que faz a

---

[21] Sobre a relação entre sexo e comida, comer e ser comido, veja-se Lévi-Strauss, 1970: 156. No Brasil, o verbo *comer* também serve como metáfora para expressar o importante, perene e incorrigível abuso da coisa pública, conforme indicava Lima Barreto, em 1918, na crônica "Política republicana", quando diz: "Todos querem 'comer'. 'Comem' os juristas, 'comem' os filósofos, 'comem' os médicos, 'comem' os advogados, 'comem' os engenheiros, 'comem' os jornalistas: o Brasil é uma vasta comilança.'" (Cf. Lima Barreto, 1956: Vol. XII, p. 79). E se diz, no verso indignado de Manuel Bandeira, "Rondó dos cavalinhos": "Os cavalinhos correndo/E nós, cavalões, comendo.../O Brasil politicando/Nossa! A poesia morrendo.../O sol tão claro, lá fora,/O sol tão claro, Esmeralda,/E em minh'alma – anoitecendo!"

[22] No meu entender, o uso do comer como metáfora para relações sexuais revela através do óbvio idioma canibalístico a hierarquia que liga um englobador (o comedor que inicia a relação e é o seu agente ativo) e um englobado (o que é comido e se transforma – ou se deixa transformar – em comida). Trata-se, portanto, de uma manifestação hierárquica no domínio moral (e sexual), manifestação que faz com que quem formalmente "come" seja o ativo, o masculino, o dominador e o controlador, enquanto que a pessoa "comida" é passiva (pois vira "comida"), tornando-se obviamente feminina, dominada e controlada.

mediação entre o lar e o mundo das leis e do mercado: o universo da rua. Dentro de casa, fala-se; na rua, discursa-se. O discurso pode ser usado para convencer uma pessoa ou para dominá-la, como ocorre com o líder político ou o detentor do poder quando discursa para o público. Isso revela um estilo de comunicação social no qual o rezar e o discursar implicam verticalidade e hierarquia; ao passo que a fala (ou aquilo que os brasileiros chamam de "bate-papo" ou de "conversa")[23] implica igualdade e intimidade. A passagem do discurso para a fala e da fala para o discurso indica o trânsito da igualdade para a hierarquia e vice-versa.[24] Daí o autoritarismo sempre se exprimir através do "discurso", uma modalidade de comunicação exagerada, formal e grandiloquente. Suas correspondentes escritas, claro está, são o decreto e a lei.

Mas o canto (e seus irmãos, a cantada e o cantar) exprime uma forma de comunicação harmoniosa e coerente. Tanto serve para enviar mensagens aos iguais quanto para comunicar coisas para os diferentes, inferiores e indiferentes. Trata-se de um meio concebido no Brasil como indiferenciado, ou melhor, como um modo que permite comunicar todos entre si. Neste sentido, o canto teria que ser a fórmula retórica privilegiada do Carnaval. Forma que permite relacionar tudo com tudo num espaço único, o que possibilita a transformação momentosa de uma sociedade segmentada entre casa e rua, ricos e pobres, fortes e fracos, este mundo e o outro, num reino aberto a todo tipo de encontro entre iguais.

Para tornar esses pontos mais claros, vou realizar um exercício de interpretação de uma canção carnavalesca de largo sucesso.

---

[23] Vale lembrar que no Brasil diz-se: "é conversando que a gente se entende!", "ninguém escapa de uma boa conversa" e "não há nada melhor do que um bom bate-papo".

[24] O discurso pode ser o prelúdio de uma "discussão", ou "bate-boca", que transforma a "fala" harmoniosa e igualitária, na qual há entendimento e empatia, em conflito.

De fato, o sucesso desta música é tão grande que ela pode ser considerada sem nenhum exagero como o modelo ou o paradigma da música de Carnaval do Brasil no seu sentido pleno. Esta é uma canção que atualiza de modo perfeito e com rara felicidade rítmica, melódica e de letra todas as qualidades que a música de Carnaval deve ter. De certo modo, portanto, meu exercício será fora do comum, posto que ele procurará levar a sério algo que no sistema de classificação social do Brasil é considerado inconsequente e divorciado de qualquer seriedade. Mas como a música de Carnaval, conforme já indiquei, também reflete e exprime a sociedade, ela também apresenta uma intensa dramatização de alguns problemas e relações que a sociedade, na sua lucidez e decência não carnavalesca e rotineira, tende a "esquecer" ou a negar. Desejo, pois, nesta última parte, decifrar uma canção carnavalesca, no intuito de descobrir suas mensagens sociais.

III

Escolhi, para tanto, a música "Mamãe eu quero", de Vicente Paiva e Jararaca, escrita em 1937, marcha das mais conhecidas de todo o gênero carnavalesco e provavelmente a canção mais cantada em todo o Brasil.[25] De fato, trata-se de uma peça musical que quando ouvida dificilmente não é imediatamente solfejada entoadamente por todo brasileiro adulto, despertando nele (ou nela) uma série de associações que podem ser de saída descritas como

---

[25] E também nos Estados Unidos, onde existem muitas gravações bem-sucedidas de "Mamãe eu quero" – "I Want My Mamma" – em discos, CDs, vídeos e filmes. Gravações que, de acordo com uma reportagem do *Jornal do Brasil*, publicada no Caderno B (em 6 de janeiro de 1992), permitiriam aos herdeiros de Jararaca uma ação judiciária no valor de um milhão de dólares!

malandras e ambíguas. Falar na música "Mamãe eu quero" para um brasileiro é despertar nele um sorriso que recorda o Carnaval e as situações de alegre e saudável liberdade e sensualidade que essas ocasiões atualizam no caso da sociedade brasileira. Como nos aponta Edgar de Alencar no seu livro O *Carnaval carioca através da música*, "Mamãe eu quero" logo se tornou "uma coqueluche do povo. Alegre, canalha, bem maliciosa e autenticamente carnavalesca", ela é a composição de maior sucesso do ano de 1937 e talvez seja, conforme já aludimos acima, a música carnavalesca de maior poder de comunicação de todos os carnavais. Saber a razão social deste sucesso é precisamente o que motiva essa análise.

Comecemos com sua letra para depois estudarmos alguns dos seus pontos mais dramáticos. Ela diz assim:

Mamãe eu quero
Mamãe eu quero
Mamãe eu quero mamar;

Dá a chupeta,
Dá a chupeta,
Dá a chupeta pro bebê não chorar.

Dorme filhinho
Do meu coração,
Pega a mamadeira
E vem entrar pro meu cordão
Eu tenho uma irmã
Que se chama Ana
De tanto piscar o olho
Já ficou sem a pestana

Mamãe eu quero
Mamãe, eu quero mamar...[26]

O primeiro módulo dramático que chama atenção é obviamente a palavra "mãe", que tem um papel central e dominante nesta canção.[27] Na música, como na vida social, a "mãe" surge como uma mediatriz crítica. Isso é importante, porque em "Mamãe eu quero" ela recebe um pedido, que se confunde com uma demanda. Tal como ocorre com as crianças com fome, a música apresenta uma situação na qual o pedido denota uma relação de tal ordem poderosa que ela não pode admitir recusa por parte do adulto. "Mamãe eu quero", então, logo no início e através do forte refrão, estabelece claramente um elo de dependência afetiva primordial: a da "criança de peito" com sua mãe – ou da criança com o peito de sua mãe. É essa regressão que contribui para o sucesso da música e de sua letra. Por quê? Ora, porque aqui não

---

[26] Participar de uma cultura é ser cúmplice de um conjunto de recordações e alusões. É tomar parte em redes de sentido e módulos que remetem a um passado comum que é sempre evocado para ser confirmado, testado, posto à prova ou simplesmente lembrado.

[27] E em muitas outras, conforme chamou a atenção a jornalista Elizabeth Orsini, numa matéria publicada no *Jornal do Brasil* (em 31/10/1985). A "mãe" é cantada em muitas músicas, sobretudo naquelas que acentuam a sua morte ou sofrimento, como "Coração materno", "Coração de luto" e "Mamãe Coragem" (de Caetano Veloso e Torquato Neto). Há, pois, no Brasil, o que Orsini chamou, com propriedade, "uma fixação musical (na mãe)..." O antropólogo Ruben Oliven (1987) observa muito bem como o papel de mãe é fundamental na construção da imagem da mulher na música popular brasileira e como as músicas cantam imagens e relações tradicionais. Sua análise reproduz um conjunto de ideias sobre a mulher da casa e a da rua que eu mesmo havia já trabalhado em *Carnavais, malandros e heróis* e em *A casa & a rua*. Vale notar que a tensão entre "mulher da casa" e "mulher da rua" (ou "mulher da janela") é sintoma de uma questão certamente encaminhada, mas até hoje não resolvida. Por isso sugeri como uma das dramatizações mais poderosas do Carnaval brasileiro o drama da mulher como *virgem* e como *puta* (Cf. DaMatta, 1979: Cap. 2; veja-se também meu ensaio de 1973).

estamos diante de uma regressão individual, dramática e dolorosa de um adulto que tem pelo seio materno um desejo neurótico, compulsivo e incontrolável. Na música, o pedido é explícito. Não se trata de algo que provoque vergonha, seja feito às escondidas e venha a requerer uma interpretação clínica. De fato, tudo se passa de modo tão claro que, em vez da tragédia do neurótico em busca do peito leitoso da mãe, temos a comédia de um baile de Carnaval em que uma multidão de homens e mulheres grita avidamente pelo "mamãe eu quero mamar...". O que mostra como o Carnaval permite rir da condição humana primordial e, assim fazendo, renová-la. Trata-se, numa palavra, de uma carnavalização dos elos primitivos e formadores de todo ser humano.

Além disso, o grito de "Mamãe eu quero" remete obviamente a uma mulher. Sabe-se que, na estrutura da família brasileira, é a mulher que deve receber os pedidos mais exigentes dos filhos. Realmente, ao pai se pede com respeito e temor. À mãe, contudo, se pode pedir com desespero e ansiedade, naquela mistura complexa de necessidade e demanda, conforme já apontei linhas atrás e que a música exprime muito bem.

Mas a canção é muito malandra. Porque, se sugere a situação primitiva da amamentação, é para logo propor a substituição do peito materno por uma chupeta. Com isso, provoca-se ainda mais ambiguidade, pois a chupeta é um "consolo" ou peito artificial que, por sua vez, remete a outras dimensões do simbolismo brasileiro. É que a palavra chupeta tem uma estrutura fonética que sugere uma série de associações pornográficas ou eróticas, pois não se pode deixar de pensar na associação fonética e semântica entre chupeta e boceta (vagina). Como também não se pode deixar de imaginar a relação entre mamãe, mamar e mamata, que no Brasil exprime negociata, negócio escuso, mas fácil, geralmente realizado sob a égide de uma relação de patronagem com algum governante.

Assim, a palavra mamata sempre denota transações realizadas sob a égide do clientelismo.

O resultado destas associações é que todos cantam "Mamãe eu quero" e simbolicamente se transformam em filhos ambíguos e malandros. O canto vai além da expressão de sentimentos, manifestando também uma súplica que, por ser tão íntima e despropositada, conduz à explosão de riso que tipifica as inversões ambíguas da situação carnavalesca. A música, deste modo, apresenta uma situaçao absurda quando sugere que um bando de filhos possa gritar pelo peito materno ao mesmo tempo que se dizem satisfeitos – agora como adultos – com uma simples chupeta, ao mesmo tempo que fazem comentários ferinos e ambíguos sobre suas irmãs.

Essa simultaneidade da criança com o adulto, da mãe com a amante, do peito com a chupeta, da irmã com os homens é que caracteriza a situação regressiva, abrindo – no contexto do Carnaval – um mundo de possibilidades eróticas muito fortes e sugestivas. Um outro dado da relação entre mãe e filhos sugerido na canção é que a mãe pode atender e alimentar (ou seja, suprimir o desejo pela sua satisfação plena) sem nada pedir em troca. A relação com o pai seria o oposto, pois o pai é o ator de uma relação muito mais disciplinada, distante e juridicamente determinada. Com a mãe, porém, a relação se faz em bases muito mais "naturais", "substantivas" ou "emocionais", sendo permeadas pelo "sangue", pelo "leite materno" e pelo calor que são a base da própria ideia de família, casa, afeto e hospitalidade no caso da sociedade brasileira.

Assim, enquanto com o pai tem-se uma relação que sugere logo o trabalho e as obrigações econômicas – donde certamente as equações pai = patrono = patrão = mundo da rua, das leis = vida "real" e universo do trabalho –, a relação com a mãe é radicalmente diferente. O pai só atende formal e hierarquicamente, pois é o poder e o limite, mas a mãe, como veículo de sentimento e desejo, atende em qualquer situação. O "coração de mãe", conforme falamos no Brasil, é grande demais para comportar uma negativa ou uma obrigatoriedade de retorno do favor ou do presente. Assim, com a mãe, todo o respeito é devido, mas tudo é possível quando se trata de filhos carentes e chorões.

Tais aspectos são significativamente acentuados na gravação original, quando o início da música é marcado pelo choro e pela voz infantil que só deseja o Carnaval (e o prazer) e por uma voz masculina (e paterna) que lhe promete logo uma surra.

Mas isso não é tudo. É que a canção também traz à tona um outro lado fundamental do papel de mãe e, consequentemente, da estrutura da família brasileira. Quero me referir ao fato de que, no Brasil, o papel de mãe é sagrado. Assim, conforme já acentuou Luiz Tarlei de Aragão, o "nome da mãe" não deve ser dito em todos os lugares, pois é palavra interdita, sagrada e tabu. Trata-se, pois, de grave ofensa, talvez a maior que se pode realizar no Brasil, xingar uma pessoa de "filho da puta", implicando com isso uma maternidade sem controle, posto que sem a ancoragem masculina ou paterna. Para ser legítimo, o papel de mãe implica necessariamente um elo jurídico com o papel de pai. Só, portanto, com a presença do pai (e marido) é que a mulher se estabelece tradicionalmente como mãe socialmente aceita pelo grupo. Claro que o papel de mãe existe independente do de pai. Mas nesse caso a maternidade terá que ser forçosamente considerada em seus aspectos mais abstratos e morais, havendo um problema na sua área legal e social. A expressão "filho da puta" é um xingamento muito forte no Brasil, pois denota essa ausência de pai que o papel de puta certamente implica, já que a prostituta faz um pacto de dar à sociedade favores sexuais sempre que é solicitada. Desta forma, ela está teoricamente casada com todos os homens da comunidade, o que faz com que o filho de uma meretriz seja o filho de todos os homens daquela comunidade, vale dizer, de ninguém. Lembro que o "bastardo" é quem nasce fora do matrimônio monogâmico e, acrescentaria, dentro de um matrimônio "coletivo" ou "generalizado" que caracteriza os serviços sexuais que a prostituta põe à disposição dos homens de sua sociedade, celebrando com eles uniões cujo objetivo é somente o prazer.

Tudo isso diz que o papel de mãe é sagrado. Mas o que significa realmente isso? No fundo, a sacralidade denota uma condição social tão forte que a palavra usada para defini-la confunde-se com a própria realidade por ela designada. Como se entre palavra e coisa, significante e significado não existisse qualquer espaço. Com isso, revela-se que existem termos que são mais do que palavras. Expressões que suprimem o axioma saussuriano da arbitrariedade dos signos linguísticos, propondo uma conjunção tão forte entre palavra e objeto que eles acabam se confundindo. De tal sorte que falar a palavra já é falar do que ela designa. No Brasil, afora o conceito de Deus e de alguns santos milagreiros, o nome da mãe, da irmã e da filha se situam nesta categoria. Tais expressões seriam, para dizer com o filósofo inglês J. L. Austin, "palavras performativas", isto é, palavras que, além de exprimir coisas, fazem coisas! Assim, tal como um juramento, uma promessa ou um xingamento traz consequências, obrigando quem falou a ter certo tipo de conduta, a palavra "mãe", no caso da sociedade brasileira, não pode ser invocada em vão.

Mas o que ocorre com essa singela música carnavalesca e com o nome da mãe que ela tão prazerosa e profanamente canta? Ora, aqui tudo está francamente invertido e o nome da mãe sofre uma impulsão profana que cria o clima de regressão, deboche e comicidade adulta e grave de quem sabe que está brincando com algo muito sério. Mas é precisamente com isso que se faz o Carnaval.

Um outro dado saliente e implícito na música é a sua referência direta ao choro como o modo mais direto e comovente de pedir. De fato, a palavra "chorar" tem uma vasta conotação semântica na sociedade brasileira, pois vai da denotação de um gênero musical (o "choro"), até um estilo de pedir que acaba designando uma forma especial de comportamento negativo: a conduta do "chorão". Da pessoa que sempre está reclamando da vida e solicitando favores e atenções de todos os seus amigos e conhecidos. Na música, o papel de chorão aparece desinibidamente. Nela, todos são chorões, o que nos leva a uma relação pessoalizada, já que não se deve chorar na frente de estranhos, mas tão somente na presença de parentes e amigos íntimos. O ato de chorar, conforme sabemos, é vergonhoso, sobretudo para os homens. Mas na música em pauta o choro torna-se não só coletivo, mas legítimo. De modo que um ato tabu para os homens passa a ser normal (e vira um deboche) na situação carnavalesca.

No baile de Carnaval, portanto, o choro cantado de "Mamãe eu quero" denota a relação pessoal generalizada, o que traz à tona uma implicação semântica importante. Quero me referir à noção profundamente brasileira segundo a qual quem não chora – isto é, quem não tem a quem pedir insistente e pessoalmente, falando de suas necessidades de modo aberto e desesperado – não mama![28] Ou seja, não consegue o que quer. Este é um dado importante que a canção veicula e que permite discutir um ponto fundamental da operação da sociedade brasileira nas suas definições de trabalho e obrigação. É que, no Brasil, sem uma forte relação pessoal e sem um esforço de tornar a relação com o patrão algo profundamente humano, não se pode ganhar nada.

---

[28] Este governo "não tem nem pai nem mãe", disse-me um informante falando do governo Collor. A pessoalização e a metáfora da pessoa são fundamentais na nossa sociedade, conforme tentei revelar em *Carnavais, malandros e heróis*.

A sociedade sugere que o mérito impessoal e o julgamento por meio de normas universais são algo estranho num sistema que tem como axioma a fórmula "quem não chora, não mama", que por sinal é um outro hino carnavalesco igualmente conhecido e sempre cantado com profunda compreensão inconsciente por todos os brasileiros que o conhecem.[29] Neste sentido, o choro tem uma lógica própria, inventando seu próprio plano e realidade. Chorar remete a um elo pessoal profundo que, por sua vez, indica que ele certamente será atendido – como diz a canção – pelo ato de mamar. Mamar, então, pode ser visto como metáfora de um sonho nacional ambíguo, vergonhoso e onipresente na cultura brasileira. Quem, pode-se perguntar, não gostaria de uma "mamata" ou de uma posição no governo, na qual pudesse sossegadamente "mamar"? É também este sonho escondido que o Carnaval revela com todas as suas letras na música "Mamãe eu quero"...

Por tudo isso, a música tem um toque explícito de canção de ninar ambígua. Canção antifreudianamente feita para ninar adultos e não crianças. Embora exista nela uma frase padrão nas canções de ninar do Brasil e de Portugal – "dorme filhinho, do meu coração" –, no mais tudo é diferente. Pois a ordem é pegar a mamadeira e entrar no Carnaval por meio da associação com um "cordão"[30] (ou bloco de Carnaval).

Novamente a sugestão é interessante por explicitar uma lógica perfeita. É que a mamadeira e a mãe indicam a presença do cordão umbilical, mas o cordão que a música sugere de modo semanti-

---

[29] Trata-se do hino do tradicional Cordão do Bola Preta que diz: "Quem não chora, não mama/Segura meu bem, a chupeta/Lugar quente é na cama, ou então/No Bola Preta!"

[30] Cordão sugere o cordão umbilical e a fila, a linha na qual se espera. Uma outra marcha famosa usa igualmente o cordão: "e o cordão dos puxa-sacos cada vez aumenta mais".

camente perfeito é um cordão invertido. É umbilical no sentido de que as pessoas que dele participam estão ligadas entre si. Mas é um cordão que promove a relativização e a dessacralização da mãe, destituindo-a abertamente da posição de objeto desejado e ao mesmo tempo proibido, e ainda por cima insinuando uma relação incestuosa com a irmã.[31] E mais: sugere a própria degradação da família, na medida em que apresenta suas mulheres mais importantes – justamente as que estão debaixo do maior controle masculino (a mãe e a irmã) – como figuras que "dão" para quem pedir. A mãe dando o peito e a mamadeira, a irmã "dando" para os namorados. Daí a referência ao "olho" e ao piscar de olhos, que, na cultura popular tradicional, é uma expressão que insinua sodomia, posto que o olho é equacionado ao ânus. Assim, a frase "de tanto piscar o olho, já ficou sem a pestana" é plena de sugestões no limite da maldade que beira a pornografia.

O verso de introdução da irmã na canção, assim, implica uma relação conflitiva com ela, certamente motivada por um desejo incestuoso que somente a obrigação (representada pela figura dos pais) pode reprimir. Prova disso é a inveja e o conflito aberto com o cunhado, definido na música como um "boçal". A moral da história é que tenho uma irmã fenomenal, o que sugere um conhecimento erótico das suas potencialidades, mas – que pena – seu marido não vê nela nenhuma "bossa" (ou seja: nenhum charme, it, glamour, mana, carisma etc.) porque é um idiota (um boçal).

---

[31] Neste sentido, a "cultura popular" que se expressa no Brasil e, sobretudo, no Carnaval brasileiro, festa herdeira de uma tradição milenar, é profundamente antiburguesa e, consequentemente, antifreudiana. Nela, as relações diádicas de desejo e atração (os elos mãe-filho; pai-filha e irmão-irmã) e as relações triádicas de repressão (filho deseja a mãe, mas é reprimido pela presença do pai; pai deseja a filha, mas é reprimido pela presença da mãe; irmão deseja a irmã, mas é reprimido pela presença dos pais) são subvertidas pela apresentação num quadro ritualizado e utópico, que permite sua saudável inversão e, com ela, profunda regeneração e exemplar relativização.

Aqui, novamente, o jogo das oposições entre bossa e boçal e boçal e fenomenal ressalta a capacidade canibalística da cultura popular quando se vê confrontada com a gíria (na época em que a música foi feita) moderna. Assim, a "bossa" da irmã, como insinua a música, diz respeito ao plano concreto da sexualidade.

Neste sentido profundo, a marchinha simultaneamente inocente e imoral é um dos exemplos mais claros de carnavalização relativizadora da família de que tenho conhecimento. Isso não deixa de ser uma descoberta importante numa sociedade na qual, vale repetir, a mãe e a irmã são papéis que sustentam a honra familiar. Normalmente mãe e irmã ficam dentro de casa, guardadas pelas sete chaves do respeito, da hierarquia sexual e familiar, pela honra que exemplificam e encarnam, pela distância social que impõem e pela sacralidade que representam. A irmã é a virgem, a mãe é a Virgem Maria. Ambas sintetizam a Virgem-Mãe, irmã e madre que deve ser o modelo das mulheres tradicionais do Brasil e, de resto, de todos os países católicos.

Mas em "Mamãe eu quero" tudo isso muda. O outro lado da mãe e da irmã aparecem nitidamente, pois a canção sugere para cada uma papéis opostos por meio do choro do neném que somos todos nós.

Finalmente, a música demanda o ato de mamar num peito. E isso é precisamente o que todos estão sendo instados a realizar nos bailes de Carnaval nas grandes cidades brasileiras. Não se trata de mera pornografia, mas da atualização recorrente de uma utopia nacional, na qual o sexo aberto e sem culpa representa o mundo sem trabalho e abundante que faz parte do espírito do Carnaval. A canção carnavalesca, assim, permite novamente sintetizar e erradicar temporariamente as oposições entre casa e rua, homem e mulher, falar e fazer, pensar e agir, ter e sonhar, que irremediavelmente estruturam o mundo diário da rotina, do trabalho, das leis e daquilo que os brasileiros sabiamente chamam de "a dura realidade da vida". A canção também permite juntar na comicidade carnavalizadora que acentua tudo o que está da cintura para baixo, parentes e afins, e com eles as mulheres da casa, ligadas a nós pelos sagrados laços de sangue, e as mulheres da rua, que são nossa fonte de prazer e emoção.

Por tudo isso, creio que se pode dizer, como conclusão provisória, que a chamada "música de Carnaval" constitui um gênero importante. Ela ajuda a dramatizar valores fundamentais da sociedade e inventa uma situação que pode ser chamada de "metonímica". Tal é o contexto no qual continente e conteúdo se dão de modo simultâneo e em quem ficam suspensas as separações entre coração e cabeça, mão direita e mão esquerda, pensamento e ação, sonho e realidade, significado e significante. A força da música de Carnaval, portanto, está nesta capacidade de criar um envolvimento que culmina na junção de tudo com tudo, possibilitando dissolver diferenças e criar as condições para uma manipulação mágica ou expressiva do mundo. Por que isso ocorre? Primeiro, porque a música de Carnaval é uma modalidade aberta ao proibido; depois porque se diz não séria e assim não ameaça qualquer instituição plenamente estabelecida; em seguida, porque surge gradualmente, em situações relativamente fechadas, nas quais o canto e o que é cantado vão dissipando inibições e promovendo ações que culminam na conjunção da música com o comportamento. Quero crer que esse envolvimento gradual dos sentidos é um dos elementos mais importantes do ritual. É através dele, sem dúvida, que se consegue aquela conjunção metonímica que tipifica as situações mágicas, nas quais, como acentuou Tambiah, as palavras têm poder e força. Mas têm poder e força precisamente quando são capazes de dissolver, pela sedução carnavalesca, as barreiras que dividem as diversas esferas e classificações que ordenam a vida social, criando um novo mundo no qual todos se ligam com todos.

A força da música de Carnaval, assim, está nesta possibilidade mágica de tudo ligar e, assim fazendo, inventar aquilo que no Brasil se chama *Carnaval*.

Jardim Ubá, 15 de junho de 1984
Paris, 19 de março de 1990
Jardim Ubá, 15 de julho de 1992

4

Em torno da representação de natureza no Brasil: pensamentos, fantasias e divagações

Investigar as representações de natureza da sociedade brasileira é um projeto vasto, fascinante e extremamente complexo. Para muitos talvez seja uma tarefa impossível, já que o Brasil é um país continental dotado de grande variedade regional e uma sociedade com gritantes diferenças sociais. Assim, muitas concepções de natureza competiriam em seu meio, de sorte que falar de *uma* seria impor uma ordem falsa num quadro fragmentado no qual muitas ideologias da natureza disputam e negociam um lugar ao sol.

Em princípio, não se pode deixar de concordar com essa tese trivial que instaura a diversidade como visada sociológica. Mas admitir a diversidade, a fragmentação, a disputa, o conflito e a complexidade do nosso objeto de reflexão não nos exime de buscar uma moldura dentro da qual ganham significado as práticas dos grupos que esposam ideias divergentes sobre a natureza. Penso, pois, que não obstante as divergências e as variações podem-se discutir com proveito certas generalidades presentes nas concepções brasileiras de natureza. É precisamente o que desejo realizar neste ensaio.

Para tanto, não vou me utilizar de materiais produzidos pelos diversos grupos que manifestamente disputam o público, tentando convencê-lo de suas visões. Embora ache tal discussão fundamental, não me deterei aqui nas diferenças de representação da natureza dos "partidos verdes" brasileiros, por exemplo; ou nas implicações e impasses de certos programas governamentais destinados a enfrentar questões relativas à destruição de recursos naturais no território nacional.[1]

Irei, pelo contrário, ater-me a ideias e valores passíveis de serem descobertos, inferidos ou deduzidos – diria mesmo, *garimpados* – do conjunto de discursos, textos e atitudes que permeiam e dão sentido à vida social do Brasil. Vou deter-me, portanto, nas concepções de natureza daquele Brasil representado como corpo político moderno, do *Brasil nação* que almeja um assento no teatro da "modernidade". Vale dizer, do Brasil como uma coletividade que se funda numa constituição, num congresso nacional e num território soberano. Mas farei isso centrando os meus argumentos nas ideias de natureza expressas pelo outro lado do sistema brasileiro. O lado constituído pelo *Brasil sociedade*, ou seja, do Brasil como um conjunto de valores e símbolos que, embora motivem e orientem a massa das práticas e representações sociais do dia a dia, são – por isso mesmo – raramente discutidos. Acredito que se entendem melhor os dilemas do *Brasil como nação* quando eles são contrapostos aos valores que informam o *Brasil como sociedade*. Especialmente quando se trata de refletir sobre temas tipicamente paridos pela ideologia moderna, como os impasses econômicos e políticos, a questão institucional e, *last but not least*,

---

[1] Um artigo recente, intitulado "Quem é quem na luta do ano", assinado por Luciano Zajdznajder (coordenador do Programa de Estudos Estratégicos da Fundação Getulio Vargas, no Rio de Janeiro), fala dos seguintes grupos que, para ele, estariam disputando a "questão ecológica": os "ecomíticos", "a turma da motosserra", os "ecomarxistas", os "ecorracionais", os do "ecomarketing" e, finalmente, os "ecoaproveitadores"... (Cf. *Jornal do Brasil*, Caderno Ecologia de 20/01/1991). Para a relação entre desenvolvimento e ambientalismo, veja-se Costa, Kottak, Prado e Stiles, 1991.

a natureza como ecologia.² Deste ponto de vista, os discursos sobre a natureza produzidos pelo Brasil como sociedade me interessam de modo especial porque eles obviamente se constituem em "falas" inconscientes, implícitas ou imotivadas relativamente ao mundo natural.

No fundo, quero estender às representações de natureza encontradas no Brasil algumas ideias centrais que têm norteado meus trabalhos anteriores e que se fundam na hipótese segundo a qual a realidade brasileira se constrói (e deve ser sociologicamente compreendida) levando-se em conta um paradoxo inerente ao seu sistema social. Tal paradoxo seria caracterizado pelo fato de o sistema social brasileiro agasalhar valores modernos como o individualismo igualitário e as ideias de justiça social, de progresso material e de controle sobre a natureza sem, entretanto, abandonar (ou "resolver") um conjunto de práticas (e de ideologias) tradicionais – como a patronagem, o clientelismo e o nepotismo –, que continuam se reproduzindo e governando *relacional* e *hierarquicamente* a sua vida social.

Assim, a um Brasil que se representa como coletividade nacional moderna – como um *Estado nacional* dentro da tradição revolucionária nascida no Ocidente europeu (Cf. Arendt, 1963) – corresponde um outro que tem pouca consciência de sua ideologia mais profunda e das implicações políticas de suas práticas sociais mais corriqueiras. Tal oposição, que tenho caracterizado como o *dilema brasileiro* (Cf. DaMatta, 1979 e 1991), se traduz num conjunto de conflitos que, a meu ver, permeiam *estruturalmente* o desenrolar da vida nacional, estando na raiz da chamada "crise brasileira" contemporânea. Assim, por exemplo, o público bra-

---

² Para uma antropologia social da nação como coletividade moderna veja-se o ensaio clássico de Marcel Mauss. Para uma elaboração da distinção entre nação e sociedade, veja-se DaMatta, 1988.

sileiro tem assistido a uma vigorosa discussão relativa à adoção de princípios democráticos no plano da retórica política (sobretudo em vésperas de eleições), mas simultaneamente testemunhado com enorme decepção o uso sistemático de práticas clientelísticas por parte daqueles políticos eleitos em virtude do seu discurso "moderno".

Agrava ainda mais esse quadro contraditório o fato de que essas discrepâncias entre teoria e prática política não sejam consideradas problemas políticos. E, no entanto, sabemos que tal dilema tem se acentuado a partir do governo Sarney, chegando ao paroxismo no malogrado governo Collor. Somos, então, doutores em propor projetos racionais e modernos no âmbito do poder executivo e do congresso nacional para logo descobrir como essas propostas são permanentemente minadas por práticas clientelísticas e pela corrupção como dado estrutural.

É como se o Estado-nação moderno, individualista e impessoal, desconhecesse a sociedade personalista, relacional e carismática. Melhor dizendo: é como se o Estado-nação não tivesse qualquer sintonia com as práticas sociais vigentes na sociedade e na cultura. Deste modo, se a nação exige aquela elegante prática weberiana em que a racionalidade dos *interesses* burocráticos derrota à *outrance* e à la Hirschman (1979) as *paixões* motivadas pelos laços tradicionais que permeiam o sistema de relações pessoais, a sociedade – ao contrário – elege a amizade, a patronagem, o compadrio e os elos de família nascidos *na casa* como os critérios que devem guiar a distribuição dos recursos públicos. De tal modo que, quanto mais se discute a adoção de leis universais que finalmente irão valer para todos, mais se acentuam as relações pessoais.

É minha tese que esse círculo vicioso constituído por teorias modernas (de caráter universalizante e impessoal) com práticas tradicionais (de cunho particularista e pessoal) caracterizaria a dinâmica de sociedades como a brasileira. Sociedades em que a *nação moderna* não foi construída por revoluções sociais, mas por movimentos de independência que, embora com um ideário social avançado e transformador, eram elitistas e de cunho eminentemente político, tendo uma correspondência apenas superficial com as mudanças sociais que deram origem às chamadas "revoluções" do mundo ocidental.[3]

Sendo assim, é minha opinião que esse dilema se manifesta nas representações brasileiras de natureza. Aliás, pode-se acentuar que o Brasil e outros países do chamado "terceiro mundo" constituem os casos privilegiados para o estudo da ideia de natureza, porque neles se chocam múltiplas orientações ideológicas. Orientações que nem sempre garantem um esperado (e preconizado) processo linear (e/ou progressivo) de resolução de conflito, que

---

[3] Conforme já acentuou Albert Hirschman, uma das diferenças entre as nações atrasadas da Europa – especificamente França, Alemanha e Rússia – e a América Latina está no autoentendimento distinto das diferenças que as separam dos países economicamente mais avançados. Na Europa, como diz Hirschman, "quanto maior o fosso, mais radicais e exaltadas foram as teorias que deflagraram o esforço de superar o atraso". Na América Latina, por outro lado, tais esforços não engendraram nenhuma "teoria nativa" da sociedade ou do progresso social, mas se concentraram primordialmente no "problema do desenvolvimento político" (Cf. Hirchsman, 1961: 5). Não deve ser, pois, ao acaso que na América Latina tais movimentos de independência sejam caracteristicamente chamados de "gritos". Ora, para nós latinos o "grito" é um desabafo, forma violenta de protesto que se localiza sobretudo no plano verbal, o plano do discurso: zona na qual nós, do Brasil e da América do Sul, somos mestres em experimentar com legislações avançadas (quando não francamente utópicas) que, partindo da cabeça dos juristas para o corpo social concreto, contemplam direitos que têm vigência na nação, mas estão notavelmente ausentes das práticas sociais. Assim, vale constatar que Colômbia, Uruguai, México, Equador, Porto Rico e Brasil têm nos *gritos* de independência o evento climático do seu "rito de passagem histórico" mais importante. Eventos que transformam *uma sociedade* em *duas nações* individualizadas e independentes. De todos, porém, o caso do Brasil é o mais interessante, visto que o "grito" de "independência ou morte!" foi proferido pelo Príncipe Regente D. Pedro I, em 1822, que assim consuma a independência política de cima para baixo. Vejam-se também os ensaios sobre inflação e violência neste volume.

tem sido a marca principal da representação de história do Ocidente. Em vez de termos, portanto, a esperada e trivial disjunção entre práticas (abertas à mudança) e teorias (que desejam manter o *status quo*) – que conduziria ao conflito e a uma eventual mudança dos paradigmas –, descobrimos, em seu lugar, uma perturbadora *complementaridade* entre práticas e teorias.[4]

De fato, no Brasil, uma das respostas à escassez de recursos causada pelas acelerações e instabilidades estruturais de uma ordem econômica que tende a funcionar em escala planetária e em crise periódica não é a prática da poupança racional, ou o controle do sistema político pela opinião pública – traço que é verdadeira obsessão em alguns países –, mas a aceleração de um *hedonismo místico* que, rejeitando parcelas *deste mundo*, se concretiza abertamente em religiosidades relacionais que acenam com reparações, legitimam inconsistências, oferecem compensação moral e garantem a salvação de todos.[5] O resultado é a monumentalida-

---

[4] Esse é um paradoxo brasileiro e, presumo, latino-americano: quanto mais autoritários ficamos, mais sentimos necessidade de democracia. Mesmo agora, quando gozamos de saudável liberdade, ainda temos os que dizem que nosso principal problema é o de ausência de "ordem" e "autoridade". Do mesmo modo e pela mesma lógica: quanto mais praticamos a destruição irreversível da natureza, mais temos a dolorosa consciência desta destruição. Ver o ensaio sobre tradição neste livro.

[5] Basta ler o jornal de 16 de janeiro de 1992 para descobrir que o ex-presidente Collor "apela para a numerologia". Uma reportagem assinada por Márcia Carmo nos informa que o ex-presidente mudou sua assinatura de "F. Collor" para "Fernando Collor Mello" (seu nome completo, entretanto, é Fernando Collor *de* Mello) seguindo o conselho do tarólogo Marcos Bordallo, que descobriu que F. Collor resultava em "dispersão e isolamento" do presidente. Dias atrás, o mesmo *Jornal do Brasil* tornava explícito que o irmão do presidente, Leopoldo Collor, e também o então ministro do Exterior, Francisco Rezek, frequentavam uma vidente humilde, residente no município de São Gonçalo, no estado do Rio de Janeiro. Quer dizer, a elite política brasileira segue as recomendações do FMI, da última moda ditada pelo cosmopolitismo individualista e racional do eixo Nova York–Paris–Londres e *também* os conselhos e as admoestações dos videntes e dos tarólogos. Estamos abertos ao último bestseller e aos cultos satânicos que, na cidade de Guaratuba, no estado do Paraná, sacrificam barbaramente uma criança de seis anos, com a intenção declarada de obter fortuna e êxito político.

de do Carnaval, a multiplicação de todos os tipos de jogos de azar, o aumento de uma comensalidade pantagruélica e cumpulsiva,[6] a institucionalização da patronagem e do "jeitinho",[7] e a proliferação de uma religiosidade personalista, messiânica, de inspiração hinduísta, que acena (através da ideia de carma à brasileira) com a salvação de todos e rejeita qualquer preocupação com o mundo impessoal do civismo e da "coisa pública".[8]

É, portanto, dentro deste quadro de referência que desejo estudar as representações de natureza no Brasil.

II

Como minha visão será antropológica e, conforme já acentuei, heterodóxica, uma conhecida anedota brasileira servirá como material básico – como (pré)texto – para os pontos sobre os quais desejo chamar atenção.

---

[6] Já se disse que, no Brasil, uma minoria faz regime alimentar, enquanto a maioria morre de fome.

[7] Para o primeiro estudo sociológico do "jeitinho", veja-se Lívia Barbosa, 1992.

[8] Dir-se-ia que, no Brasil, à presença de uma religiosidade exaltada corresponde uma notável ausência de espiritualidade. Ou seja: faltam teodiceias para algumas áreas "deste mundo", como a vida pública e o universo do comércio e da política, ao passo que abundam as teorias para todos os planos da vida pessoal. Em outras palavras, há muitas religiões para a sociedade, e nenhuma para a *nação*. Essa ausência de religião nacional corresponde a uma sentida ausência de "ética" – de princípios que discutam os limites da vida social no seu plano cívico e político. Dir-se-ia igualmente que estou cego a tais religiosidades como fatores fundamentais de "resistência" à opressão. Claro que essas religiosidades são formas de "resistência". Mas cabe lembrar que os mecanismos de "resistência" operam como uma via de mão dupla. Assim, se as umbandas protegem e dão significado à existência dos destituídos, elas *também* cimentam uma permanente e intocada ideologia da tolerância à injustiça social, fomentam e legitimam a hierarquia aos superiores (os pais e mães de santo, que nos terreiros e centros têm uma autoridade indiscutível) e tiram deste mundo e dos homens a responsabilidade pelos processos sociais.

Dizem que, quando Deus criou o mundo e fez o Brasil, ouviu uma série de reclamações. Habitantes de outros países disseram que Ele tinha sido injusto criando uma terra rica, dotada de extraordinária beleza. Um país banhado pelo sol de um eterno verão, que, ademais, não tinha terremotos, tufões, tempestades de neve e furacões, desertos e animais selvagens. "Isto não é justo", disseram em coro para Deus, que, com divina indiferença, calou a inveja dos reclamantes, replicando: "É! Mas esperem o tipo de *gente* (povo, *povinho* ou *gentinha*) que Eu vou colocar lá..."[9]

Como sempre, a anedota é despretensiosa, mas prenhe de significados. Analisemos com vagar o conjunto de valores que ela encerra, procurando seguir o curso do seu rico campo de significados histórico-sociais.

---

[9] Como prova da força estrutural desta estória, vale recordar a famosa poesia "Canção do exílio", de Gonçalves Dias, peça na qual o Brasil é sentimental e tocantemente descrito por meio do canto de suas aves, da beleza de suas noites, céus, estrelas e palmeiras, ou seja: por sua natureza idealizada e não por suas instituições sociais e políticas. Deste modo, sinto falta do Brasil onde existem palmeiras e canta o sabiá, mas não tenho a menor saudade do Brasil onde os políticos mentem, os advogados chicanam e os juízes não fazem a justiça... Devo igualmente lembrar uma de suas variantes mais recentes: a do saudoso Otto Lara Resende na *Folha de S. Paulo* de 18 de maio de 1992, na qual ele comenta, a propósito de uma inflação que não sai de 20% ao mês: "O Brasil não tem terremoto, nem vulcão. Nem furacão, apesar da ventania que sopra cada vez mais forte. Em compensação tem o abismo. Ou o fundo do poço, que é bem capaz de ser a mesma coisa. Não, não é. Etimologicamente abismo quer dizer sem fundo. É como a inflação, que é sem fim. Quem tem vulcão por perto acostuma a ser seu vizinho. Tremor de terra, idem." E a de Luis Fernando Verissimo na Revista de Domingo do *Jornal do Brasil* (ano 16, nº 839, de 31 de maio de 1992), quando ele mostra dois personagens anões diante de uma paisagem maravilhosa exclamando: "Pior é quando chega alguém de fora, vê estas matas, estes rios, estas terras, estes minérios, este espaço, este clima e, extasiado, diz: Que lugar pra se fazer um país!" Falando de um ponto de vista diverso, o especialista em teoria literária Roberto Ventura diz que: "A natureza tropical e o mundo selvagem são vistos [pelos viajantes] em termos estéticos, como forma de compensar o desapontamento com a sociedade local." No fundo, como se observa, trata-se desta disjunção entre beleza (e potencialidade) natural e sociedade que a anedota também articula. Veja-se também a nota 11.

1. Elementos básicos

A natureza como mátria e como terra: Além de exprimir o espírito autoflagelatório vigente no Brasil, a piada explicita os elementos que todo brasileiro menciona quando pensa na natureza: a terra, a beleza inefável do mar e do céu, os elementos mais ativos da natureza; e, finalmente, o homem. Trata-se de uma visão da natureza como um domínio imanente, eterno, passivo e generoso – da natureza como mãe dadivosa –, uma verdadeira *mátria* e não *pátria*, conforme dizia o padre Antônio Vieira (Cf. Saraiva, 1982: 112). Trata-se também de uma concepção de natureza parcialmente dominada pela ideia de *terra*. Terra que em português é uma categoria sociológica riquíssima e que surge no dicionário de Aurélio Buarque de Holanda com vasto conteúdo semântico, designando, entre outras coisas, planeta, mundo, parte sólida do globo e parte branda ou cultivável do solo. Terra que também pode ser localidade, pátria, torrão natal, gleba, lugar, povoação, estilo de vida, território, propriedade e espaço sagrado.[10] Por tudo isso, pode-se dizer que a anedota retoma o arcaico conceito de "mãe

---

[10] Onde os nossos mortos devem ser enterrados e de onde os nossos inimigos devem ser banidos, como ocorre nas expressões simétricas e inversas *enterrar* e *desterrar* que permitem recuperar o sentido sagrado, moralmente embebido e totalizante da ideia de terra. Assim, o *enterrar* subentende um espaço sagrado dentro do qual os "nossos" mortos devem ser enterrados como parte da sua passagem final para o outro mundo. Mas os nossos inimigos são expulsos da terra e assim exilados ou banidos – *desterrados*. Ou, o que é muito mais grave, *desenterrados*, conforme aconteceu nos sertões dos estados de Santa Catarina e do Paraná, entre 1912 e 1916, no movimento milenarista do Contestado, quando os corpos dos inimigos dos sertanejos engajados na "guerra santa" eram desenterrados e mutilados. Como desvendam Marco Antônio da Silva Mello e Arno Vogel, os invasores modernos que vendiam e "comodificavam" as terras daquela região eram vistos como infiéis, excomungados e apóstatas e assim não mereciam ser enterrados naquela terra santificada. Terra que produzia a vida e que permitia a sua regeneração pela morte. Terra que é lida como *casa* (lar)e como tal não pode ser dividida e muito menos vendida. Nos movimentos messiânicos, portanto, a terra teria recuperado esses significados primordiais, conforme indicam Mello e Vogel (1989) no curso de um ensaio brilhante.

terra" como um espaço que passiva e generosamente engloba plantas, animais e homens.

Uma representação relacional da natureza: A anedota apresenta um elo estrutural entre *natureza* e *homem* (que aparece como povo ou gente).[11] Tal esquema revela uma estrutura hierárquica, com todos os seus elementos seguindo a lógica característica do englobador e do englobado (Cf. Dumont, 1979: Cap. III), em que se dá prioridade primeiramente a Deus, que tudo cria e engloba, depois à *terra*, ao *céu* e ao *mar*; e, em seguida, aos atores da natureza: os fenômenos meteorológicos, as plantas e os animais. Ao mesmo tempo esse esquema confere ao homem uma posição peculiar e tradicional na sua estrutura (Cf. Thomas, 1988: 72). Se o homem *como* gente ou povo é, efetivamente, o ser que coroa o sistema, é também o elemento que paradoxalmente permite compensar tudo, revelando um surpreendente senso de humor: por parte do Criador. Senso de humor que serve como *punch line* da anedota e também como lição aos que reclamavam.

Ao realizar essa ligação entre coletividade e natureza, o Deus brasileiro da nossa narrativa implicitamente estabelece um terrível princípio geral: quanto mais pródiga a natureza, pior é o povo.[12] O inverso, que escapou ao "povinho" brasileiro, seria a fórmula

---

[11] No Brasil, "povo" e "gente" são categorias ricas que admitem muitos significados e variações. Usadas na sua forma diminutiva, como ocorre em algumas variantes desta anedota, ou seja: como "gentinha" ou "povinho", a palavra remete ao lado negativo da ideia coletiva de povo.

[12] Muitos viajantes enfatizaram essa relação inversa, no caso do Rio de Janeiro (e do Brasil), entre uma paisagem de inefável beleza (de "uma serenidade indizível" como disse Adolphe d'Assier) em contraste com a insalubridade e a desorganização da vida pública e social em geral. Penso que aquilo que surge descrito como "insalubre" e/ou "imundo" – esse povo que o Conde de Gobineau viu como uma "multidão de macacos" (Cf. Ventura, 1991: 31) – recobre o choque e o desagrado com o estilo personalista, hierárquico e escravocrata de vida, em contraste com formas mais igualitárias de convivência social vigentes no país de origem do viajante, que eram, obviamente, tomadas como "civilizadas". Neste sentido, a única realidade que poderia ser exaltada,

do desenvolvimento econômico e do êxito político. A chave do sucesso histórico estaria portanto, conforme nos acenam a piada e Max Weber, na necessidade de ter um povo com caráter para transformar e dominar os obstáculos naturais, passando de uma visão relacional ou, como diz Stanley Tambiah (1990: 109), "participatória" da natureza (onde a pessoa "está com o mundo") para um modelo de "causalidade" (onde o indivíduo está "contra o mundo").[13] Um povo capaz de pôr a religião em todas as esferas da vida e de fazer do trabalho não um acidente ou um castigo, mas um *chamado* e um instrumento de transformação *deste mundo*. Um ambiente inóspito, sugere implicitamente a narrativa, conduziria compensatoriamente a tal atitude.

2. Um contraste paradigmático

A representação luso-brasileira de natureza: Mas a piada também antecipa o contraste entre as percepções portuguesa e puritana da nova terra e de seus habitantes. Para os portugueses, o Brasil corresponde a uma visão passiva do paraíso, mas na percepção dos puritanos da América do Norte sucede o exato oposto.

---

idealizada ou mesmo vista sob o prisma positivo era a natureza como paisagem. A sociedade, com suas ambiguidades, sua ética dúplice que contemplava hierarquia e igualdade e individualismo e holismo, era lida como perversa, decadente ou simplesmente doente. Para uma lista destas opiniões, veja-se Mauro, 1980.

[13] O modelo participatório congrega também o "sociocentrismo, a linguagem da solidariedade, unidade, holismo e continuidade no tempo e no espaço; ação expressiva que se manifesta por meio de entendimentos intersubjetivos convencionais, mitos e rituais; a eficácia performativa de atos comunicativos" etc. Já o modelo de causalidade implicaria "egocentrismo e individualismo atomístico; a linguagem da distância e da neutralidade da ação e da reação; o paradigma da evolução no tempo e no espaço; ação instrumental que transforma a matéria e a eficácia casual das ações técnicas; sucessiva fragmentação de fenômenos na construção do conhecimento científico" etc. Veja-se Tambiah, 1990: 109.

A natureza como dadivosa e edênica: A representação portuguesa fala da natureza como a anedota: como um cenário fortemente visual, no qual os atrativos são maiores do que as dificuldades. Nesta concepção, conforme acentua o historiador Keith Thomas, a natureza e seus seres teriam sido feitos para deleite, desfrute e exploração do homem (Cf. Thomas, 1988). Deste modo, o primeiro documento produzido no Brasil recém-descoberto, a célebre carta do escrivão da frota de Cabral Pero Vaz de Caminha (datada de 1º de maio de 1500), louva tanto a inocência e a beleza dos nativos quanto as potencialidades da natureza. Certamente a carta de Caminha é o melhor exemplo da visão edênica da terra recém-descoberta, visão que igualmente servia para estimular, conforme diz Raymundo Faoro, a mobilidade de populações marginais e deslocadas pelos ajustamentos da sociedade (Cf. Faoro, 1957: 101). E que, desde então, recorta insistentemente as representações do Brasil. Desde 1857, quando José de Alencar publica *O guarani* como romance símbolo do Brasil como Estado nacional moderno – uma narrativa em que o par romântico é constituído por um índio e uma nobre portuguesa, tendo como pano de fundo um cenário natural impecável –[14] até as representações mais recentes do país como "gigante adormecido", "celeiro do mundo" (Cf. Barbosa e Drummond, 1991); ou, mais ingênua e poderosamente, como "país tropical, abençoado por Deus e bonito por natureza".[15]

---

[14] Cito somente uma passagem tirada da página de abertura do livro: "Tudo era grande e pomposo no cenário que a natureza, sublime artista, tinha decorado para os dramas majestosos dos elementos, em que o homem é apenas um simples comparsa."

[15] Eis um sucesso inesquecível de Jorge Ben, gravado por Wilson Simonal (que depois se descobriu como associado do temido e execrável Serviço Nacional de Informação – SNI), lançado no momento mais inflexível e cruel do governo militar, em 1970. Eis o trecho mais relevante da letra: "Moro num país tropical/Abençoado por Deus/ E bonito por natureza.../Em fevereiro/Tem Carnaval/Tenho um fusca e um violão/ Sou Flamengo e tenho uma nega chamada Teresa."

Tal ideia de natureza parece ter muita força ideológica, exprimindo-se significativamente na bandeira do Brasil republicano, um símbolo conscientemente projetado no propósito, como nos diz o historiador José Murilo de Carvalho (1990), de elaborar um imaginário capaz de legitimar o novo regime político e com a intenção de "formar as almas". Trata-se de uma bandeira com uma estrutura hierárquica, na qual um retângulo verde engloba um losango amarelo que, por sua vez, engloba um círculo azul (no qual se representam as estrelas e o céu do hemisfério meridional). O círculo, finalmente, é cortado por uma faixa zodiacal branca na qual está escrito o (di)lema positivista "ordem e progresso". Não vejo melhor exemplo de "simbolismo naturalista" do que essa concepção que deseja juntar a representação com a coisa representada no desenho de uma bandeira metonímica. Bandeira que recusa as usuais convenções metafóricas, pretendendo que o mundo natural seja representado tal como se acredita que ele é.[16]

Na variante ufanista, ingênua e popular da bandeira nacional, que todo brasileiro aprende no ensino fundamental, o verde da maior figura geométrica "representa" as riquezas vegetais do Brasil, o amarelo-ouro da segunda figura, as riquezas minerais do país. Finalmente, a esfera azul traduz a paz e a esperança do nosso céu.

---

[16] O debate sobre a correção astronômica do céu estampado na bandeira nacional, em 1890, é um dado a comprovar essa orientação realista (empírica mesmo) na concepção deste símbolo nacional. Um positivista influente, Teixeira Mendes, chegou a afirmar que, de acordo com a opinião de um astrônomo, consultor científico da nova bandeira, a disposição das estrelas espelhava o céu do Rio de Janeiro no dia 15 de novembro de 1889, quando a República foi proclamada. Para a história destes debates, veja-se Carvalho, 1990: Cap. 5. Alterações recentes da bandeira brasileira, quando se discutia a representação no seu campo de novos estados, ensejou a seguinte carta ao *Jornal do Brasil* de 8 de junho de 1992: "Agora que estão cuidando de alterar a bandeira brasileira, seria interessante que fossem feitas as seguintes correções: a) modificar a posição da faixa 'Ordem e Progresso', pois, como está, o progresso vai por água abaixo [porque fica numa posição inclinada e portanto antimetonímica]; b) o Cruzeiro do Sul está pelo avesso e não como é visto no céu, como a Epsilon no quarto quadrante." Reclama-se novamente da ausência de "naturalismo" na representação.

Quando estava no fundamental, ficava embasbacado com essa perfeita correspondência entre as cores, tamanhos e riquezas que a bandeira representava, e a "realidade" do Brasil. Foi quando igualmente aprendi que toda essa riqueza natural esperava pela nossa vontade de explorá-la.

Natureza boa para viver, boa para devastar: Também aparece na carta o lado oculto desta "visão do paraíso": o interesse mercantilista alimentador da ideia de enriquecimento fácil, já que, em todo o documento, "o descobridor, antes de ver a terra, antes de estudar as gentes, antes de sentir a presença da religião, queria saber do ouro e da prata" (Cf. Faoro, 1957: 99). O enriquecimento rápido como valor, alimentado pela ideia da nova terra como o Éden, orientou a economia colonial brasileira para um extrativismo imediatista e predatório. Extrativismo que toma a natureza tal como ela é, colhendo seus frutos mais evidentes, sem a preocupação de interagir com ela de modo mais intenso ou sistemático. Nesse tipo de extrativismo, é o homem que segue a natureza, não o contrário. Corroborando a motivação predatória dos portugueses, o historiador Georg Friederici assinala: "A ganância predominante em seu comércio, além da influência diabólica, como lamenta frei Vicente do Salvador, transformou a sagrada Terra de Vera Cruz, assim batizada no espírito da catequese, na profana terra do Brasil" (Cf. Friederici [1936], 1967: 108). Era o colono luso quem procurava o pau-brasil nos primeiros tempos do povoamento, tal como, séculos depois, os coletores de borracha do Amazonas seguiam pelas picadas, balizados pela seringueira, e os coletores de castanha, que eu mesmo estudei no sul do Pará, seguiam pelo mato *guiados* por majestosas castanheiras.

A ânsia de extrair engendra uma lógica relacional necessariamente ambígua que oscila da ideia da natureza como recheada de encantamento e de poderes mágicos até a concepção do mundo natural como inteiramente à mercê do homem. Vale então acentuar que, nestes sistemas, a natureza não é percebida como um domínio compartimentalizado e independente do homem – concepção que estaria na base da ciência (Cf. Tambiah, 1990: 9). Típicos, pois, das economias extrativistas ou de sociedades formadas por essa lógica – são os sistemas de classificação nos quais existem seres e zonas intermediários a ligar a natureza com a sociedade, zonas e seres que sustentam o encantamento de ambos os domínios.

Assim, na Amazônia brasileira, da crença na *panema* ou má sorte que pode acometer pescadores ou caçadores, que estudei alhures (Cf. DaMatta [1967], 1973), deduzimos uma representação de natureza na qual há zonas de passagem entre o mundo humano e o universo natural. Neste enquadramento, dir-se-ia que não existiriam seres independentes dos homens, já que toda fauna, flora e sociedade são antes de tudo *entidades morais*, governadas pelas mesmas regras que comandam o universo humano. Deste modo, seres especiais como o boto, os companheiros de fundo, a cobra-grande e os animais domésticos (que ocupam zonas *entre* a natureza e a sociedade), certos sentimentos como a inveja e o despeito (situados *entre* o desejo individual egoísta e o altruísmo comunitário que os condenam), certos estados como a menstruação, a gravidez e a individualização do pescador ou caçador que, no mato ou no rio, está só e despersonalizado, igualmente *entre* domínios, predispõem a experiências perigosas e encantadas, em que *este mundo pode se confundir com o outro*. É esta estrutura lógica relacional que dá sentido à crença na *panema*.

Nesses sistemas, não teríamos propriamente a fórmula moderna de um universo humano que, situado acima da natureza, antropocentricamente a exclui, mas a ideia relacional e inclusiva da natureza *na* cultura, tanto quanto da cultura *na* natureza. Daí a ideia de equilíbrio compensatório – de *reciprocidade* (Cf. Mauss,

1974) – entre natureza e cultura expresso na crença da *panema*. Nela, conforme sabemos, a matança indistinta de certos animais e peixes, bem como sua venda impessoal dentro da comunidade, podem trazer má sorte ao pescador ou ao caçador. A *panema*, portanto, conforme chamei atenção no meu ensaio, é um mecanismo a impedir a *separação*, a impessoalização ou – conforme diria Karl Polanyi (Cf. Polanyi, 1980) – o "desembebimento" (ou compartimentalização autonomizada) da natureza, que jamais poderia ser lida, vivida e reificada como uma *"comodity"* (mero meio de produção e enriquecimento). São essas "ritualizações" entre cultura e natureza – que as situam no mesmo plano e permitem a ambos os lados uma ética de respeito, generosidade, equilíbrio, compensação e *reciprocidade* – que foram reprimidas, destruídas ou transformadas pela chamada modernidade capitalista. Modernidade que tudo tornou homogêneo quando instituiu o dinheiro e o lucro como a dimensão classificatória exclusiva do sistema.

Visão do paraíso, descobrimento e naturalização da história: Concomitante à visão edênica da natureza que passivamente espera pelo seu explorador, há a ideia de que o Brasil não foi *fundado* mas *descoberto*.[17] Ou seja, estamos diante de uma representação naturalista segundo a qual "Portugal" encontrou e se apropriou do "Brasil" por acaso, no curso de uma bem-fadada viagem. Como se o Brasil já estivesse pronto e à espera do colonizador português, que, no seu espaço paradisíaco, realizaria a tarefa de orquestrar uma

---

[17] Esse dado é importante e quem chamou minha atenção para ele foi a Dra. Lívia Barbosa. É significativo que na historiografia brasileira tradicional o episódio da "descoberta do Brasil" tenha sido encapsulado numa disputa entre historiadores que afirmavam o acaso, e os adversários desta tese, que afirmavam ter o Brasil sido encontrado de modo proposital. Sérgio Buarque de Holanda observa que "descobrir" (*invenire*) é sinônimo de "tomar posse de" (*ocupare*) (Cf. Buarque de Holanda, 1985: 310).

"natural" e harmoniosa mistura que, na ideologia brasileira, se exprime, conforme chamei alhures, pela "fábula das três raças" (Cf. DaMatta, 1987). Deste ponto de vista, seria preciso distinguir "descobertas" de "fundações". Nas "fundações", a noção dominante é a de que agentes humanos, valores religiosos e instituições sociais assumem posições relativamente às suas ações, discutindo opções políticas e históricas. Nelas, pode-se descobrir uma prática instauradora que de certo modo obriga e torna imprescindível a explicitação dos elementos ideológicos e dos valores que aparecem como opções humanas e como história. Nas fundações, assim, enfatizam-se instaurações, rupturas, descontinuidades e conflitos. Mas na lógica das "descobertas", sobretudo das descobertas por acaso, a dinâmica social é traduzida por meio de um código natural que acentua a dinâmica biológica e surge na forma das familiares ideologias organicistas ou holistas. Com isso, as instituições sociais e os valores políticos ficam a salvo da discussão em termos das suas responsabilidades nos processos históricos e sociais. Inventa-se, portanto, uma fórmula que coerentemente combina a concepção edênica de natureza com uma visão tanto ingênua quanto mistificada das culturas indígenas locais e do negro africano, que foi forçado a entrar no drama como escravo, como um encontro espontâneo e carnavalesco de *raças*, excluindo o peso específico (e, repito, as responsabilidades) de cada categoria na estrutura de poder.

Nesta representação, na qual a natureza é vista como que se oferecendo generosamente à exploração dos agentes humanos que têm o direito de usá-la como bem entenderem, processos históricos e sociais essenciais são lidos pela ótica de uma "história natural", uma narrativa na qual se enfatizam ritmos biológicos e determinações naturais, evitando-se – convém repetir – falar de valores, instituições e opções e práticas econômicas. Diz essa história naturalizada que Portugal faz "natural" e funcionalmente extrativismo, porque a terra, muito rica em produtos naturais, se oferece ao colonizador. Pela mesma lógica, diz também que o português estaria culturalmente predisposto à miscigenação que era estimulada pelo governo como parte de uma verdadeira política de multiplicação.[18] O resultado é que a história do Brasil – processo profundamente marcado pelo escravismo – é preferencialmente lida como "miscigenação" e "mistura" natural (e *carnavalesca*) de raças. Como postura francamente relacional, a moldura naturalista exclui as instituições sociais, exime a responsabilidade dos agentes históricos e inibe a discussão das opções políticas, mas em compensação inclui etnias e subordinados como personagens de um drama social ambíguo e aparentemente sem sujeito. Tal como na carta de Caminha, tudo aparece por meio de uma leitura que enfatiza o espontâneo, o natural e o relativamente inocente.

E como se tudo isso não fosse suficiente, mas significativamente seguindo o mesmo espírito relacional e clientelístico, Caminha encerra sua carta pedindo que o rei de Portugal tire do degredo da ilha de São Tomé seu genro Jorge Osório.[19]

---

[18] A opinião do alemão Friederici, que escrevia em 1936, revelando uma postura abertamente racista, é importante a esse respeito. Diz ele: "Os portugueses, não sendo eles mesmos de raça pura, nem tendo orgulho racial, não opunham dificuldades nem tinham aversão a relações com índias, através do casamento ou do convívio marital com aparências de casamento" (Cf. Friederici, 1967: 116). O resultado foi o que o argentino Juan B. Terán chamou de *tropicalización* ou *furor tropical* no seu livro *El Nacimiento de la America Española* (Tucumán, 1927). A *tropicalização* seria uma modalidade de adaptação ao Novo Mundo, mas uma adaptação na qual colonizador e nativo interagem mais do que seria esperado (ou admitido) pela orientação separatista, fundacionista, racista e superior que prevalecia na Europa do Norte. Deste modo, o europeu "tropicalizado" é um europeu meio índio, um europeu semibárbaro ou degenerado! Diante desta teoria, pode-se enxergar melhor o mérito de Gilberto Freyre invertendo a *tropicalização* e a ela dando um sinal positivo.

[19] Que já havia sido perdoado duas vezes por D. Manuel por ter roubado e ferido um abade. A marginalidade comprovada de Jorge Osório fez com que alguns historiadores

Natureza dadivosa, exploração aventureira e cíclica: Ligada de perto a tudo isso está a ideia de que a natureza pode ser explorada fragmentária e espasmodicamente, de modo que o contato com ela é exterior, sendo realizado apenas para exercer a tarefa econômica de extração. O chamado "extrativismo predatório", portanto, se fará através do controle e do patrocínio do Estado, mas com base em coletividades masculinas, movidas pelo enriquecimento rápido e pelo desejo de subir na escala social em sua própria terra. Foi o que levou Sérgio Buarque de Holanda a chamar o processo de ocupação do território brasileiro de "feitorização" e não "colonização", distinguindo duas variantes que, para ele, teriam obedecido a um "paradigma comum fornecido pelos motivos edênicos".

Assim, no caso da América Latina, os colonizadores "se deixavam atrair pela esperança de achar em suas conquistas um paraíso feito de riqueza mundanal e beatitude celeste, que a eles se ofereceria sem reclamar labor maior, mas sim como dom gratuito" (Cf. Buarque de Holanda, 1985: XVIII). Tal motivação forjava estabelecimentos formados por grupos de homens interessados em realizar o "sacrifício" de viver no novo mundo para poderem entesourar os recursos que irão promover a ascensão social nos seus grupos de origem. Como diz novamente Sérgio Buarque de Holanda, agora no seu clássico *Raízes do Brasil*, a colonização portuguesa não é dominada pelo espírito do "trabalhador" que deseja romper com seu país de origem e se estabelecer na nova terra, mas pela ética do "aventureiro" que tem "ânsia de prosperidade

---

levantassem a hipótese de que foi esse pedido que motivou Caminha a escrever sua famosa carta. De modo que as descrições da descoberta tinham a função de emoldurar o pedido clientelístico. Assim, o Brasil nasce marcado por uma visão relacional, ingênua e matreira da sociedade humana e da natureza – visão profundamente entrelaçada na instituição do clientelismo e do favor que marcam o pedido de Pero Vaz de Caminha (Cf. Guerreiro e Nunes, 1974). Mais adiante voltarei a esse ponto.

sem custo, de títulos honoríficos, de posições e de riquezas fáceis" (Buarque de Holanda, 1982: 15ss.).[20] É esse tipo que inventa uma *concepção espaçosa do mundo* (Cf. Buarque de Holanda, 1982: 13) – uma visão do mundo natural como um domínio infinito, na qual a interação ocorre de modo imediato, sem a menor preocupação com o conhecimento profundo do hábitat (que conduz a ciência moderna) ou com o esgotamento do produto explorado. São esses valores e esse desenho da natureza que caracterizam a história econômica do Brasil, uma história marcada por ciclos econômicos quando algum produto natural é descoberto, explorado e, finalmente, esgotado. Foi o que ocorreu primeiro com o pau-brasil, depois com o açúcar, em seguida com o ouro e, finalmente, com o café e a borracha.

Como se observa, trata-se de um paradigma de exploração econômica que não contempla nenhum dos componentes do mundo vigente nas sociedades que passaram pelas revoluções puritana e individualista. No caso do Brasil, tanto na história quanto na piada estamos às voltas com uma representação de natureza que justifica o aventureirismo personalista que, por sua vez, está intimamente ligado a uma sociedade de origem na qual todos têm uma posição rígida e muito bem marcada no sistema. No novo mundo paradisíaco, livre das amarras sociais tradicionais, individualizado no novo e enorme espaço, o português se transmudava no aventureiro e no bandeirante. Agora despersonalizado, praticando o que Gilberto Freyre chamou de "colonização por indivíduos – soldados de fortuna, aventureiros, degredados, cristãos-novos fugidos à perseguição religiosa, náufragos, traficantes de escravos, de papagaios e de madeira" (Cf. Freyre, 1989: 19) –,

---

[20] Vianna Moog, de certo modo exprimindo a mesma ideia, fala de um "pioneiro" que domina a colonização norte-americana e de um "bandeirante" que comanda o desbravamento do Brasil (Cf. Moog, 1956).

tentaria sozinho o impossível. Como patrão absoluto, exploraria a nova terra até o limite, aproveitando todas as oportunidades e tirando partido de tudo.²¹ Mas, ao realizar isso, não experimentava nenhum padrão de comportamento novo, ou modificava as formas de relacionamento a que estava habituado. Ao contrário, reproduzia, no ciclo do extrativismo predador, o modelo de hierarquia e de autoridade vigente na "terrinha", extraindo da nova terra a riqueza que pudesse e, desta riqueza, sua nova posição social.

Vir para o Brasil era, de fato, um modo de garantir e de tentar melhorar sua identidade social na terra de origem. É, a meu ver, essa experiência com a individualização (mas sem *individualismo* e muito menos *igualitarismo*), essa independência temporária dos controles sociais do grupo de origem, que abria as portas da nova colônia a uma extremada individualidade, que foi vivida e lida como anarquismo pecaminoso ou até mesmo como uma "tara étnica inicial", conforme queria Azevedo Amaral (Cf. Freyre, 1989: 19).²²

Deste ponto de vista, é fundamental observar que não seria o produto explorado, como deseja a orientação economicista mais tradicional, que determinaria o quadro de valores, mas – ao con-

---

[21] Vale notar que a intenção e a motivação de "tirar partido de tudo" é muito popular no Brasil contemporâneo, no qual existe a crença (e, infelizmente, a certeza) de que só assim se pode subir na vida. Uma propaganda de televisão, tendo como apresentador o jogador de futebol Gérson, que vendia cigarros dizendo que ele sabia que o cigarro era bom porque, como todo brasileiro, "gostava de levar vantagem em tudo", fez esse mote ser conhecido como "lei de Gérson".

[22] Às excelentes observações sociológicas de Faoro acrescentaria essa experiência individualizadora. Seria ela, a meu ver, a responsável pela "atração afidalgadora, atração contra o peso da autoridade, atração contra a repressão sexual" de que fala Faoro (Cf. Faoro, 1957: 102). É essa possibilidade de estar só e mais ou menos livre das relações hierárquicas tradicionais que eventualmente engendra o *ethos* do Brasil colonial. Ver igualmente a discussão de Gilberto Freyre nos capítulos iniciais de *Casa-grande & senzala*.

trário – é uma concepção específica da natureza que, orientando e legitimando as práticas econômicas e políticas, determinaria certas opções. Trata-se da mesma estrutura básica que orientou a divisão da superfície terrestre entre Portugal e Espanha por meio do Tratado de Tordesilhas. Mas que é essa *ideologia de Tordesilhas*, essa concepção fechada do mundo, se não a expressão de valores nos quais a natureza é concebida como território e, como tal, explorada por quem tem direitos totais sobre ela? Uma concepção fundada no direito divino da posse da terra e que exclui a *fronteira* e o espaço aberto típicos das representações de natureza nascidas com o individualismo burguês.

A representação puritana da natureza: Que contraste fazem essa anedota e essa carta com os documentos produzidos pelos puritanos que falam da colonização da Nova Inglaterra! Para os puritanos que buscavam fundar na América *"a city upon a hill"*, uma Nova Jerusalém, na qual todos os homens viveriam de acordo com o individualismo igualitário, a natureza surge como espaço inóspito e cruel. "Uma região", diz William Bradford (que foi governador e líder da colônia de Plymouth por 30 anos) num escrito de 1620, "inculta, hedionda e desolada, cheia de animais e seres selvagens cujo número não podiam calcular" e de selvagens que, ao contrário dos de Caminha, "estavam mais inclinados a crivá-los de flechas que qualquer outra coisa" (Cf. Lynn, 1965). Em suma, trata-se de uma representação da natureza na qual – não obstante o frio do inverno e a fragilidade tecnológica dos colonizados – fica excluída a ideia de passividade do mundo natural. Nesta visada, a natureza surge individualizada, com seus elementos destacados do grupo humano que com ela entra em contato. Aqui ela não é mais um domínio que espera passivamente pela posse, ou uma esfera moralmente imbricada e reciprocamente relacionada com a comunidade humana, mas uma esfera compartimentalizada, com a qual se têm relações *objetivas* e distantes. Do mesmo modo como os homens são iguais entre si e cada qual sabe que sua liberdade e motivação terminam na liberdade e na motivação dos outros, todos sabem que entre a sociedade e a natureza há um fosso que só pode ser superado com o pacto do conhecimento. Mas enquanto esse pacto não for hobbesianamente realizado, homem e natureza estão em igualdade e conflito.

Tal representação é coerente com uma coletividade motivada "pelo afã de construir, vencendo o rigor do deserto e da selva, uma comunidade abençoada, isenta das opressões religiosas e civis por eles padecidas na terra de origem, e na qual, enfim, se realizaria o puro ideal evangélico" (Cf. Buarque de Holanda, 1985: XVIII). Neste grupo, a motivação de colonizar para enriquecer rapidamente, virar fidalgo e voltar não é dominante. Realmente, se para os ibéricos, sobretudo portugueses, a nova terra era um espaço ambíguo, intermediário e marginal – aquela zona que Victor Turner (1974) chamava de "liminal", situada *entre* as duas fases de um "rito de passagem" –, para os puritanos o novo mundo era visto como o fim de uma jornada. Assim, eles chegavam com os laços natais já cortados. Para eles, diferentemente dos ibéricos, a nova terra era um ponto de não retorno. Um lugar no qual não cabiam nem a conquista nem a descoberta como posse absoluta, mas que era necessário conhecer e domesticar – tarefas que iriam requerer muito trabalho e muita "ação de graças".

Dia de Ação de Graças (Thanksgiving) e Carnaval: Não é, pois, ocioso lembrar que essa chegada a um ambiente inóspito serve de matéria-prima ao rito nacional mais importante dos Estados Unidos: o Dia de Ação de Graças. Ritual em que os membros de uma família reúnem-se para lembrar, numa ceia cerimonial, seus ancestrais nacionais, comendo o que eles teriam pobremente comido, e dando graças ao Criador por terem chegado e obtido sucesso por seus esforços. A comensalidade reaviva o pacto entre iguais que comem da mesma comida, comungam das mesmas crenças e vivem debaixo de um mesmo teto. Ela também acentua a unidade do grupo por oposição aos "outros", os excluídos, os *aliens*, os de fora, os membros da natureza. Posso comer peru no mundo todo, mas só comemoro o Dia de Ação de Graças nos Estados Unidos. Trata-se de um rito intransferível.

No ciclo ritual brasileiro o Carnaval se inscreve como um rito fundamental (Cf. DaMatta, 1979). Como uma ocasião planificada na qual se desconstroem as hierarquias de um cotidiano desorganizado, desumano e opressivo e se inventa uma orgia de individualidades que pulam, cantam, brincam e se esbaldam, o Carnaval tem uma importância básica no equilíbrio da vida brasileira. Com ele se pode recriar essa utopia nacional que os descobridores pretenderam encontrar quando aqui chegaram. Essa terra marcada pela eterna primavera que mataria a sede e a fome de todos, provendo, ademais, a riqueza que transformaria todos em fidalgos e patrões. Por outro lado, o Carnaval também reflete esse "naturalismo" que corta de ponta a ponta a ideologia brasileira, já que se acredita que ele seja uma festa espontânea celebrada por um impulso quase biológico: porque está no "sangue" e na "raça" de todos os que nasceram no Brasil. Acresce que o Carnaval não é um rito fundado na exclusão e na dramatização de fronteiras e de diferenças entre grupos, como o Dia de Ação de Graças, mas uma "festa" inclusiva, cujo alvo é a participação livre, desimpedida e alegre de todos. A ênfase na sexualidade, nos prazeres do corpo e no riso enfatiza essa ideia edênica de inclusão por sedução. Além disso, o Carnaval promove a individualidade e a originalidade de cada pessoa ou grupo, que pode finalmente representar-se como livre num sistema marcado pelos relacionamentos patronais, obrigatórios e hierárquicos. Ainda que seja por apenas quatro dias... Por tudo isso, pode-se aproximar a orgia carnavalesca da visão do paraíso, inscrita na nova terra que Cabral descobriu.[23]

3. Estrutura social e visão da natureza

Toda essa discussão tem como ponto central a ideia de que as representações do mundo natural e da sociedade refletem um mesmo conjunto de valores. Sociedade e natureza, assim, não seriam simplesmente reflexos uma da outra, mas expressariam um mesmo conjunto de valores. No sistema social ibérico, do qual o Brasil faz parte, o mundo natural e a sociedade se organizam por meio de relações complementares que vão do outro mundo até os animais e as plantas, passando por uma hierarquia de homens. Neste sistema, a exploração da natureza se faz por meio do trabalho realizado por criados, subordinados e principalmente pelos escravos – seres que estariam mais próximos da natureza –, que, com seus superiores e senhores, formam uma comunidade fundada na desigualdade e na hierarquia. Natureza e sociedade não se compartimentalizam e se confrontam diretamente, através de limites claros e fronteiras irredutíveis, mas se ligam por meio de múltiplas mediações feitas por vários subordinados.[24]

---

[23] Conforme diz uma música célebre, composta por Lamartine Babo, "Quem foi que inventou o Brasil?/Foi seu Cabral, foi seu Cabral./No dia 21 de abril,/dois meses depois do Carnaval!"

[24] Com efeito, nossa lógica relacional comunica, conforme já acentuei, sociedade e natureza. Daí, conforme chamam a atenção Lívia Barbosa e José Augusto Drummond (Cf. 1991), a ausência na mitologia brasileira de dramas ao estilo de *Moby Dick*; ou, acrescentaríamos nós, de heróis que são animais humanizados, como o Pato Donald e o camundongo Mickey, o Tom e o Jerry, que projetam na natureza os conflitos sociais engendrados pelo individualismo igualitário. Quem melhor representaria a face cômica e complementar do conflito entre os homens do que um rato e um gato? Neste

Entre a sociedade feita de senhores e o mundo natural há o criado e, sobretudo, o escravo. Assim, a uma representação de natureza como esfera passiva, e metaforicamente concebida como serva – uma escrava do homem que dela dispõe como bem entende –, corresponde uma estrutura social igualmente fundada na passividade obrigatória do trabalhador e na sua submissão total ao senhor. Neste sentido, não se pode entender o sistema da monocultura patriarcal associada ao Estado que se forma no Brasil sem pensar nos valores que orientavam a sociedade. E a sociedade, até o advento da Independência e dos movimentos abolicionista e republicano, fundava-se numa pesada hierarquia. Neste sistema, o "trabalhador" se moldava pela lógica da desigualdade e era dinamizado pelos valores da opressão social.

Consequentemente, a representação de natureza que trazia dentro de si seguia essa mesma lógica. No Brasil, quanto mais próximo da natureza, mais inferiorizado. Quem nada tinha, tirava da terra o que pudesse, e quem não tinha criados ou escravos ia atrás dos índios. É a afirmação ou a negação da hierarquia que está por trás dos tipos sociais mais significativos da colonização brasileira: do bandeirante ao senhor de engenho, do degredado ao escravo, do catequista ao contrabandista, do aventureiro ao letrado-burocrata. Na base do *aventureirismo* como estilo de vida – forma que certamente foi a precursora da nossa mais do que legítima *malandragem* – está a vontade de sair ou mudar de posição dentro da rede obrigatória e patronal de leis, regulamentos e relações sociais sem, entretanto, modificá-la.[25]

---

contexto, vale igualmente dizer que essa pletora de desenhos animados cujos heróis são animais prenuncia uma consciência ecológica quando humaniza romântica e sentimentalmente os bichos. Nesta linha, o filme *Bambi*, produzido por Walt Disney em 1952, é claro quando revela o caçador branco como o vilão assassino da história.

[25] Malandro e aventureiro podem ser sempre *revoltados*, às vezes *revoltosos*, mas nunca são *revolucionários*. Sua luta é pela posição que ocupam e desejam ocupar, não pela

Entre os homens e a natureza estabelece-se a mesma lógica que governa os homens entre si: a lógica da desigualdade que jamais contempla o direito do subordinado como ser igual ou autônomo.

A natureza na sociedade: Desigualdade e hierarquia contribuem para uma ideia de natureza que – como o sagrado – atua dentro e fora da sociedade. Do lado de fora ela se manifesta na sua passividade inesgotável e na sua pujança ameaçadora e, por isso mesmo, interdita e sacralizada, como força que muitas vezes se confunde com a mão justa de Deus contra os homens. Dentro da sociedade, a natureza se manifesta pelas palpitações incontroláveis dos chamados *instintos*, que são percebidos como irrupções naturais tão fortes e violentas que o homem não teria forças para controlar. Os instintos, transformados em *paixões*, se endereçam para a carne e para a terra, ligando o homem com sua natureza animal e seu lado egoísta e primitivo. Tal oposição está na raiz do famoso paradigma durkheimiano do *Homo duplex*, ou seja, do homem como um ser no qual se digladiam uma vertente altruísta e fundamentalmente social (representada universalmente pela *alma*) e outra, egoísta e individualizada (representada justamente pelo *corpo*).[26]

Quero crer que à passagem da representação tradicional e "antropocêntrica" de natureza para o moderno modelo "biocêntrico", nascido com o "ecologismo",[27] correspondeu a vitória do indivi-

---

mudança radical da estrutura social. Cf. DaMatta, 1979, para considerações mais profundas sobre este assunto.

[26] Cf. Durkheim, 1914 (1975).

[27] Cf. Barbosa e Drummond (1991), para um excelente resumo histórico destes movimentos e tendências.

dualismo igualitário e, com ela, uma rígida demarcação de fronteiras entre os mundos social e natural. Como se a natureza tivesse sido expulsa da sociedade. A essa expulsão corresponde um conjunto de representações exclusivamente individualistas, que reprimem a presença da natureza na cultura. Assim, tudo o que teria a ver com os instintos – que são forças relacionais – é substituído por decisões e motivações individuais e autônomas, ações pelas quais o único responsável é o sujeito. O mesmo processo, que divide rígida e irreversivelmente natureza e sociedade, transforma as paixões em interesses. Se as paixões são cegas, irracionais e, sobretudo, *relacionais*, os *interesses* são explícitos, fundados em cálculo e capazes de produzir ação individual e racional. É essa visada que cria a representação moderna da natureza: uma natureza que tem direitos (e deveres), que não pode ser mutilada, que deve ser protegida, que tem limites, fronteiras e, claro está, autonomia.

Entretanto, ninguém na sociedade tradicional e hierárquica representa melhor a junção de natureza com sociedade do que o escravo. Escravo que é uma espécie de segunda natureza do seu senhor: mediador exclusivo entre o homem e a natureza, mas que se relaciona ao seu dono por laços insubstituíveis sem os quais o sistema deixa de operar. Situado na zona de convergência entre natureza e sociedade, ele – tal como ocorre com os animais domésticos – confunde muitas vezes os dois campos. Por isso, escravos e animais domésticos são permanente alvo de maldades e castigos dos seus senhores. No caso do Brasil, são legião as observações de maldades contra escravos, plantas e animais em geral. Acrescentem-se a isso a prática da bestialidade, muito comum no Brasil (Cf. Freyre, 1989 e Câmara Cascudo, 1962), e os abusos sexuais contra (e *com*) criados e escravos. Surrar escravos, cortar plantas e árvores, matar cachorros, gatos, ferir galinhas e cavalos era (e ainda é) costume no Brasil. Gilberto Freyre, que estudou esse assunto como ninguém, fala daquele "mórbido deleite em ser mau com os inferiores e com os animais" como sendo "bem nosso". Como sendo "de todo menino brasileiro atingido pela influência do sistema escravocrata". E ele cita Machado de Assis que, nas *Memórias póstumas de Brás Cubas*, tem no herói um desses "meninos-diabos", especializados em maltratar escravos, os quais usava como bestas de montaria (Cf. Freyre, 1989: 369ss.).

Tais arroubos sádicos traem, como estamos vendo, essa concepção relacional de natureza. A malvadeza e a crueldade para com os inferiores, que representam uma "segunda natureza", servem como mecanismo para pôr em ordem ou reafirmar dramaticamente as fronteiras entre senhor e escravo – entre natureza e cultura. Malvadeza com os animais e plantas como gesto destinado a instituir simbolicamente uma divisão quase impossível entre os dois campos. Como um ritual de exorcismo no qual se tentam separar as identidades que o cotidiano tendia a dissolver. Assim, Lenita, a heroína do romance naturalista de Júlio Ribeiro *A carne*, publicado em 1888, intercala sua gradual submissão aos instintos sexuais – a *carne* que irresistivelmente lhe destrói tanto a vergonha quanto a racionalidade e a impulsiona para Barbosa – assistindo deleitada às surras em escravos e matando a tiro e sem necessidade todo tipo de animal em caçadas ritualísticas compulsivas.

Tanto no romance quanto nos dados apresentados por Gilberto Freyre, trata-se de uma dramatização das linhas que devem dividir as fronteiras. Destruir animais em caçadas é equivalente a tentar reprimir as paixões que corroem o corpo. Do mesmo modo e pela mesma lógica, bater em criados e maltratar animais é afirmar-se como senhor diante de uma natureza que deve ficar no papel de generosa passividade. Eu me pergunto se esse mesmo mecanismo não estaria em jogo igualmente no costume urbano de cimentar o quintal e na prática consagrada de destruir a floresta com enormes e muitas vezes incontroláveis queimadas, forma de exorcizar uma natureza percebida como sufocante, extirpando-a da sociedade. Ou de querer a natureza apenas como *paisagem*, como uma espécie de *natureza-morta* que deve ser apreciada e gozada, mas dentro de uma moldura, protegida por vidros. Que contraste com a visão anglo-americana de natureza qua fala obviamente do gozo e do orgulho das paisagens, mas também dos animais e das plantas![28]

Tudo isso revela a problemática de um sistema marcado pela presença da natureza na sociedade. Uma presença que coloca em risco as fronteiras entre englobadores e englobados, sempre ameaçadas pelas relações e intimidades engendradas pela própria dinâmica de dominação personalizada do sistema escravista.

III

Conclusão: Entre o paraíso e a visão ecológica

Hoje, quando não há mais escravidão e no momento mesmo em que o nosso esqueleto hierarquizante está ameaçado por todo tipo

---

[28] Como correlato disso, não temos tendência a tratar os animais domésticos como *pets*, como seres favoritos, especiais ou quase "sagrados", como diz Marshall Sahlins (1979). Na cultura norte-americana, os *pets* são mais apreciados do que seres humanos como entidades que nada demandam e que – num sistema em que a solidão é rotina – são boas para *se relacionar*... Um selo americano comemorou isso no verão de 1987, estampando o desenho de um simpático cachorro dominado pela palavra *love*. Um filme como *Os pássaros* só poderia ser concebido numa cultura na qual os animais são amados e, sobretudo, apreciados e *respeitados* em seus direitos básicos. Assim, num drama no qual eles não respeitam os direitos dos homens, as aves passam a ser fontes de terror, não de amor e admiração. Na vanguarda burguesa do mundo ocidental, assim, há todo um gênero de dramas onde terremotos, tubarões, furacões e outros elementos naturais rebelam-se *contra* o homem. Trata-se de expressões bem-acabadas de uma visão da natureza como *caprichosa* e capaz de provocar catástrofes ou hecatombes. Para uma reflexão sobre essas visões modernas da natureza como caprichosa e frágil ou robusta, veja-se Mary Douglas (1992: 262ss.). Pela mesma lógica, só no mundo moderno e nos Estados Unidos pode surgir uma revista singular e pioneira, como o *National Geographic Magazin*.

de propostas reformistas, inclusive por uma representação biocêntrica de natureza, ainda persiste a orientação tradicional. Continuamos a oprimir empregados domésticos e trabalhadores, continuamos a predar e a destruir a natureza com a mesma desfaçatez de antigamente, agora com o agravante de que nosso discurso se reveste de uma hipócrita retórica igualitária.

Todos têm os mesmos direitos, afirmamos de peito aberto na rua, mas em casa – quando agasalhados pela ética das condescendências pessoais que dá sentido aos aspectos mais caros de nossa existência – sabemos que uns têm mais direitos que outros porque "ninguém, afinal de contas, é de ferro". Apesar de todas as revoluções que vemos no horizonte, continuamos a ter uma visão encantada da sociedade. Assim, lemos nosso sistema como ainda sendo feito de "maiores" e de "donos do mundo", de celebridades, estrelas e poderosos em geral, e de pessoas comuns que vão desde os "fodidos" até os pobres e remediados. Entre eles, enxergamos uma floresta de elos morais, políticos e econômicos que sustentam um verdadeiro cipoal interminável de relações. Mas continuamos ainda infantis quando queremos entender as razões profundas de nossa desigualdade. Teoricamente falamos em Marx e Weber. Na prática, porém, acreditamos mesmo nas superioridades inatas dos nomes de família e estilos de comportamento. No fundo, continuamos a recusar uma leitura social e historicizante da nossa própria história, preferindo ler nossas experiências por meio de lentes naturalistas.[29]

---

[29] Uma pesquisa realizada pelo Museu de Astronomia, no Rio de Janeiro, junto com o Ibope, confirma essas ambiguidades quando indica que "há uma declaração de adesão às causas ambientalistas que não é acompanhada de práticas que correspondam a essas ideias". O que se demonstra é uma "visão naturalizada" do meio ambiente, já que 35% dos entrevistados "consideram o petróleo um recurso natural sem limites". Cf. *Jornal do Brasil*, Caderno Ecologia, edição de 20 de abril de 1992.

A essa visão encantada da sociedade corresponde uma ideia encantada de natureza. Uma visão na qual natureza e outro mundo se juntam para formar um domínio ambíguo, denso e semidesconhecido e que se manifesta a todo instante entre nós.

Mas como somos modernos e cosmopolitas, como também racionais, generosos e politicamente responsáveis, temos conciliado uma representação encantada de natureza com uma concepção moderna, sem nos apercebermos das gigantescas contradições políticas que tal movimento encerra. Aliás, neste ponto nos comportamos de acordo com a lógica mais tradicional, a que assegura que, no final, tudo isso – umbanda, candomblé, hinduísmo, psicanálise, economicismo, marxismo, estruturalismo, bacharelismo, formalismo, comunismo, condescendência, clientelismo, modernidade – vai dar certo porque, se o Brasil está perdendo o seu futuro, Deus continua sendo brasileiro.

O fato é que temos uma ideologia nacional permeada por elementos "naturalistas", que de certo modo garantem a operação positiva do sistema mesmo sem a nossa intervenção. No fundo, continuamos a crer numa natureza pródiga e no Brasil como país de inesgotáveis riqueza e generosidade. Para tanto, basta esperar um pouco ou, como dizem explicitamente alguns políticos, ter fé e "votar em mim" para ver como tudo vai dar certo. Essas são soluções carnavalescas, fundadas na esperança de que a nossa história finalmente termine com um "milagre" (quem não se lembra dele?) ou um golpe de sorte coletivo, um final feliz à brasileira, com todos se salvando, subindo na vida e enriquecendo – um final de novela da Globo, dessas que, produzindo um universo social encantado, nos encantam pelo charme, pela produção supercuidada e pela capacidade de nos levar para longe de nossas paulificantes e quadradas responsabilidades burguesas. Confesso que durante anos sonhei com a possibilidade de se localizar uma jazida formidável de ouro, petróleo ou diamante no Brasil. Uma jazida tão formidável de riqueza que sairíamos finalmente do buraco no qual estamos enfiados. Podia não ser uma solução para o presente, pensava, mas certamente resolveria nosso futuro. Pelo menos ajudaria a encerrar definitivamente essa fase histórica em que todos – até os ricos – dizem sinceramente que são pobres.

No fundo, queria resolver o problema brasileiro por meio de um gigantesco golpe de sorte. O tal golpe que está por trás da nossa história, que começa com uma descoberta ao acaso e se complementa com uma série de ciclos econômicos ligados a uma série de riquezas naturais. Seria a ideia de vencer sem fazer força que permearia a minha fantasia? E seria ela que coletivamente se exprimiria na ideia tradicional de natureza – essa concepção que sistematicamente faz a sociedade surgir na natureza e a natureza emergir na cultura relacional?

A pergunta é muito ampla para ter uma resposta definitiva. Entretanto, o caso já mencionado da *panema* fornece pistas. Recordo, primeiramente, que a *panema* é um sistema destinado a dar sentido ao azar, ao infortúnio e à má sorte. Vale igualmente recordar que a *panema* restabelece o sistema, fazendo da natureza, personificada em emoções, animais e estados fisiológicos, um ator fundamental. De fato, sem a interpenetração de natureza e sociedade não se pode compreender este sistema de crenças. Trata-se, como vimos, de uma estrutura que junta homens e natureza afirmando a importância de suas relações e propondo sempre uma espécie de equilíbrio moral entre os dois.

Seria a *panema* o exemplo de uma representação da natureza em franco desaparecimento e desuso? Estaria essa concepção sendo irreversivelmente substituída pela ideia moderna, em que homens e natureza se separam e se respeitam como esferas e entidades autônomas?

Penso que não. E a melhor prova que posso oferecer para o nosso dilema é o popularíssimo *jogo do bicho*, uma loteria existente em todo o Brasil.[30] A base do jogo do bicho é dada no estabelecimento aparentemente arbitrário de uma correspondência entre uma série de animais (os *bichos*), alfabeticamente ordenados, e uma série de números de zero a 25. A cada número corresponde um animal, de modo que se pode escolher jogar tanto no bicho quanto no número que a ele se associa totemicamente. No contexto histórico brasileiro, trata-se de um sistema lotérico relativamente antigo (o jogo foi inventado pelo barão de Drummond em 1888 no Rio de Janeiro e logo estendido a outras cidades do país). A essa difusão geográfica correspondeu uma significativa elaboração interna (para a ampliação da série numérica, o que permitiu aumentar o valor e o risco das apostas) e a associação de cada animal a ações, emoções, objetos, situações, elementos da natureza, resultando num sistema fechado. Pode-se, pois, jogar tomando como base um animal, um número, um objeto, uma situação ou quaisquer outros elementos sociais ou naturais. Trata-se, conforme tem estudado Elena Soárez, de um sistema totêmico (Cf. Lévi-Strauss, 1975), no qual as correspondências se ordenam de acordo com um conjunto de princípios subjacentes.

Estudando tais princípios, chega-se a um complexo sistema de palpites que orientam o jogo, sistema que claramente relaciona natureza (onde estão os bichos), o outro mundo (onde os destinos se decidem), os sonhos, a morte e a sociedade humana. Para os aficionados do jogo, o sonho, como momento próximo da morte, quando o jogador fica passivo, é um momento básico no sistema de palpites, que resultará em estratégias de jogo e nas apostas.

---

[30] Que Vianna Moog equacionava à "aspiração da riqueza rápida" e a um justo temor inconsciente do meio ambiente degradado pela exploração sem limites do "bandeirante". (Cf. Moog, 1956: 337).

Assim, entre palpite e aposta, entre o sonho, sua interpretação e o jogo, há um verdadeiro universo de crenças, ditados, histórias, anedotas e observações da vida que se confirmam e se afirmam na prática do jogo. Básica, porém, para o ponto de vista que estamos desenvolvendo aqui, é a popularidade deste jogo como sistema ideológico e como atividade econômica. Um sucesso que só pode ser explicado quando se compreenderem suas relações com essas representações fundamentais de natureza, que, como vimos, se ligam a valores sociais básicos.

Dir-se-ia que o complexo formado pelo jogo do bicho – configuração barroca que arrasta consigo desde o cidadão que deseja ingenuamente enriquecer "acertando num bicho" até o banqueiro que recebe (e lucra) com as apostas, passando pelo sistema de sonhos, pelo sistema de classificação social que o sustenta e pelos políticos e policiais que tiram partido do jogo – é um sistema que recusa a atomização desencantada do mundo proposta pelo individualismo burguês.

Assim, no plano de um imaginário que se apoia na realidade legitimadora de valores profundamente arraigados, valores que falam de uma ordem relacional, hierarquizada e patronal, a sociedade brasileira refez um sistema que associa novamente a natureza com a sociedade, calibrando no plano moral um jogo complexo de responsabilidades. Driblou-se a impessoalidade burguesa e racional dos números, associando-se a cada algarismo um bicho. Ao limite da impessoalidade e da perfeição da sociedade (os números que os pitagóricos tomavam como entidades perfeitas e a ideologia burguesa assume como o denominador de todas as coisas), equacionam-se os limites da personalização da série-bicho. Tal relação humaniza o jogo, personificando-o, e nele introduzindo um elemento de caça que mistifica o ato moderno de jogar. Agora o "número-bicho" pode ser "cercado" e "acertado", perseguido, odiado e amado. Pode-se, então, passar não só da natureza à sociedade mas, concomitantemente, transitar da impessoalidade à pessoalidade, do universal ao particular, do sonho ao palpite, da compartimentalização ao elo e à identidade, da pobreza à riqueza e, novamente, do anonimato à celebrização. A relação entre números e bichos junta coerente e sistematicamente o tradicional com o moderno. E, assim fazendo, reencarna e atualiza o totemismo, fazendo-o reviver e revelando seu rendimento em plena modernidade.

Diante de tudo isso, cabe questionar se a ideia de natureza como uma esfera distinta, removida, desencantada e sujeita a regras diversas das da sociedade é algo básico ou residual no Brasil. Diante da estrutura de nossa colonização, dos valores que moldaram nossa formação social e dos sistemas de crenças que permeiam nossa vida e nos dão o sentimento de identidade, acho justo temer que a natureza como ecologia tenha uma grande luta pela frente. E estão aí, vivos, os discursos à direita e à esquerda, teimando em considerar a questão populacional como balela imperialista e a questão da preservação da natureza, sobretudo na Amazônia indígena, como injustiça.[31]

Assim, tanto na discussão da questão ecológica quanto na questão da democracia, teremos que enfrentar mais uma vez os nossos dois lados. Se seguirmos o modelo tradicional, acataremos sem restrições e com entusiasmo a proteção da natureza em público, só para negá-la na intimidade de nossas casas e propriedades.

---

[31] Neste ponto, "direita" e "esquerda" estão de pleno acordo quando defendem a ideia de que a natureza brasileira (sendo "imensa" e "generosa") tudo pode suportar. Assim, por exemplo, o governador Mestrinho acha que se podem exterminar jacarés e tomar terras indígenas. E o senador Darcy Ribeiro está convencido de que a questão ecológica ou a populacional não são problema no Brasil. Um artigo recente do falecido Otto Lara Resende, publicado no jornal *Folha de S. Paulo* (em 31/1/1992), filia-se a essa mesma postura quando com fina ironia questiona o nosso moderno amor ideológico pelas florestas e índios, dizendo que árvore "lembra compromisso com a selva, selvagem". E arremata afirmando: "A gente tem medo de virar índio".

No entanto, creio que as sociedades podem mudar. Mas não estou seguro se elas mudam na direção certa. A julgar pelo caso do Brasil – um caso que conheço bem –, a mudança sempre desenterrou algum morto, fez surgir algum fantasma ou ressuscitou um cadáver que todos haviam esquecido. Enfim, termino reiterando uma ideia já levantada há algum tempo pelo meu amigo Jean-Pierre Dupuy: que essa reflexão esperançosa sobre a natureza seja a alavanca pela qual se possa efetivamente mudar criticamente a sociedade, inclusive a sociedade moderna.

Jardim Ubá, 22 e 26 de janeiro de 1992
São Paulo, 20 de fevereiro de 1992
Jardim Ubá, 8 de junho de 1992

5

Para uma antropologia da tradição brasileira
(ou: a virtude está no meio)

> *Pouco por força podemos*
> *isso que é, por saber veio,*
> *todo o mal jaz nos extremos,*
> *o bem todo jaz no meio.*
>
> SÁ DE MIRANDA

A América Latina está cheia dos seus Lévy-Bhrul. Antigamente ela teve seus Gobineau. Mas, hoje, esbanjam os que passaram da acusação de uma gramática racial impossível para a *demonstração* de que o continente é, do ponto de vista de sua doutrina política, um verdadeiro desastre lógico. Ou, para ser mais preciso, sóciológico!

É que o observador estrangeiro raramente discute seu ponto de partida tomando-o como naturalmente lógico e preciso. Membro de um sistema capaz de definir-se a si mesmo com uma palavra (capitalismo; modernidade; progresso), dois ou três conceitos bem conhecidos (geralmente inventados pelo próprio observador – peso e medida de sua própria análise) e apenas uma lógica (a do "terço-excluído", que não permite somar bananas com laranjas), não pode fazer o mesmo com a chamada "realidade latino-americana".[1] Realmente, para tentar definir politicamente essa região, os especialistas têm que lançar mão de pelo menos duas lógicas, revelando que, ao sul do Rio Grande e debaixo do equador, somos tocados a samba, pisco, caudilhismo, Carnaval e, também, por uma espécie de irônica gargalhada histórica, formando, como disse Anderson (1964),[2] um "museu vivo". Ou, como diz Howard Wiarda, um local extraordinário no qual "virtualmente todos os sistemas de sociedade que têm governado os negócios humanos continuam a coexistir". Mais adiante, listando o que caracterizaria esses sistemas, ele pinta um quadro que faria da mágica Bahia de Jorge Amado, do fantástico sertão de Guimarães Rosa, da Pauliceia desvairada de Mário de Andrade, das cidades absurdas de Jorge Luis Borges e da famosíssima Macondo de García Márquez os lugares mais convencionais do planeta. Como exageradamente explica Wiarda, "na ausência de toda uma autêntica revolução social" (...), temos uma "mistura de tomismo, monarquia de direito divino, feudalismo, autocracia, republicanismo, liberalismo e tudo o mais" (1973: 214).[3]

O pior é que os especialistas brasileiros não ficam atrás, e hoje, para se falar de Brasil (e da América Latina), diz-se que aqui temos "uma sociedade de classes" estranhamente acasalada com man-

---

[1] A respeito desta perspectiva e de seus efeitos sobre os estudos "latino-americanos", veja-se Richard Morse (1964). Ver também Wiarda (1973).

[2] Profetizando alguns estudiosos modernos, Oliveira Vianna já dizia que "o Brasil é uma espécie de *museu* de sociologia retrospectiva ou de história social" (1974: 90. O grifo é meu).

[3] Novamente, é realmente notável a similaridade com Oliveira Vianna quando ele diz: "Todos os tipos de estrutura social (...); todas as fases econômicas (...); todos os ciclos de sua economia social – desde a 'economia de colheita' e a 'economia da enxada' à 'economia industrial', à 'economia metropolitana' (...); todos esses tipos, fases e ciclos nós encontramos dentro dele [do Brasil], subsistindo e coexistindo aí pelos seus sertões obscuros ou florescendo pelos planaltos ou litorais: e é tudo como num mostruário de um museu etnográfico" (1974: 91-92).

donismo, clientelismo, sindicalismo, insulamentos burocráticos e corporativismo. Ao que tudo indica, não seríamos apenas um "museu vivo", mas também uma sala de cirurgia teórica e conceitual na qual tudo estaria real e simbolicamente "fora do lugar". Em outras palavras, o que frequentemente se descobre na chamada "realidade brasileira", e latino-americana em geral, é algo construído por seus estudos, os quais exprimem as mais variadas correntes teóricas das ciências sociais. Deste modo, a América Latina, que já foi também um "laboratório vivo" de "raças" cuja mistura era considerada absurda no final do século XIX, hoje horroriza como um caleidoscópio político-social. Especialmente porque se trata também da "América".

Mas aqui há essa intrigante ausência de "linearidade" social e institucional, como se o tempo passasse sem produzir uma "história". Sem encontrar "linearidades" nas sucessões temporais latino-americanas, a visão tradicional percebe essa "mistura" de formas como uma combinação absurda. O pressuposto é que todas as histórias teriam que ser semelhantes às da Europa e dos Estados Unidos e se fariam por meio de uma "acumulação" em que certas instituições substituiriam outras. Segundo esse modelo, não existiria transformação se o sistema mostrasse apenas combinação ou mistura. Como se a mistura não pudesse ser compreendida positivamente. Por outro lado, tal perspectiva deixa de fazer uma outra distinção que me parece crítica. Quero me referir à diferenciação entre "nação" (tal como essa ideia foi discutida por Marcel Mauss [Cf. Mauss, 1972]) e "sociedade" como duas formas de coletividade nem sempre coincidentes. Neste sentido, vale a pena recordar que, no século XIX, os escravos faziam parte da sociedade brasileira, mas estavam radicalmente excluídos da nação, conquanto seu credo constitucional fosse burguês, individualista e igualitário; do mesmo modo como hoje as populações indígenas estão à sua revelia incorporadas à nação brasileira, mas têm imensas dificuldades em serem aceitas pela sociedade nacional.[4]

O fato é que, de exageros em exageros, encontramos de tudo no Brasil e, fascinados pelas combinações teoricamente exóticas e ideologicamente impossíveis, ficamos mais interessados em listar as combinações institucionais (que nossas expectativas teóricas situam como impossíveis) do que em perguntar sobre sua lógica mais profunda. Com isso, deixamos de lado alguns pontos fundamentais.

Um deles é o conceito de tradição, cujo uso abusivo tem sido um dos entraves à boa compreensão das sociedades latino-americanas. De fato, quando se fala de "tradição", há que tomar cuidado para não transformar o conceito num outro mistério. Fazê-lo seria cair num erro que a antropologia social tem sistematicamente evitado. Os homens e suas sociedades são sem dúvida diferentes, mas a tarefa do estudioso não termina com essa constatação, pois, estabelecida a diferença, será preciso dizer como uma "diferença" pode ser transformada em outra. Ou seja: é preciso refazer o caminho, percorrendo toda a sua extensão em sentido contrário. De outro modo teríamos um mero catálogo de experiências humanas fechadas e ininteligíveis entre si. Mas uma tradição não se mostra apenas como diferença, senão também como semelhança. No fundo, como sabemos – e no campo dos estudos "latino-americanos" Richard Morse foi dos primeiros a apontá-lo –, é preciso estudar as tradições como "escolhas" e opções: como alternativas.[5] Como

---

[4] Vale lembrar que a comunidade nacional se funda basicamente num território comum cujas fronteiras são rigidamente demarcadas, ao passo que as "sociedades" se constituem com base em valores e códigos de comportamento que independem de sua projeção num espaço. Um grupo de brasileiros em Paris reproduz a sociedade, não a nação brasileira. É uma ilusão moderna confundir "sociedades" com mapas de nações.

[5] Não é, portanto, ao acaso que ao escrever seu livro O espelho de Próspero Morse o caracterize como um "estudo da dialética do Novo Mundo" e, todo o tempo, contraste

conjuntos relativamente integrados e dinâmicos de decisões coletivas sobre o que ser, o que fazer e o que pensar; numa palavra: sobre o que investir simbolicamente ou *valorizar*. Mas, para se chegar a isso, só há um caminho possível: o da comparação e do *contraste* entre tradições diferentes. Pois é precisamente o contraste que permite dinamizar as diferenças, abrindo caminho para o entendimento das semelhanças.

Se não tomamos a ideia de tradição como uma coisa viva, o conceito somente servirá para dividir, separar e legitimar a dominação, congelando as diferenças e sendo incapaz de conduzir a uma percepção inteligente da realidade. Assim, se há de fato uma "tradição ibero-latina", será preciso percorrer um caminho diferente. Não podemos nos contentar somente com a ingênua e trivial identificação de seus componentes. A mera classificação das borboletas – como nos ensinou o antropólogo Edmund Leach, em 1959 – já é alguma coisa, mas pouco diz sobre a natureza profunda desses bichos. Assim, em vez de ficarmos impressionados com o fato de que podemos ter, na América Latina, uma esdrúxula associação de "tomismo", "autocracia" e "republicanismo", devemos dar mais atenção a palavras como "mistura", "confusão", "combinação" e outras mais, que designam aquilo que verdadeiramente é necessário conhecer: os interstícios e as simultaneidades ou, como tenho afirmado no meu trabalho, as *relações* (Cf. DaMatta, 1979, 1985, 1986).

Sem realizar essa busca, não se pode entender de modo mais profundo o que significa "tradição" e o seu papel nas sociedades ao sul do Rio Grande. Antes de mais nada, porque toda tradição implica uma escolha, um compromisso (Cf. Morse, 1982) e, obvia-

---

explicitamente o "universo anglo-americano" com sua "variante" e sua alternativa nas Américas, o universo "ibero-latino".

mente, uma legitimidade (ou reconhecimento explícito de alguns dos seus elementos, lógica e mensagem). Neste sentido, toda tradição é um fato da consciência e uma seleção. É um fato da consciência porque toda tradição nos diz o que deve ser lembrado (e, quase sempre, quando e com que intensidade) e o que deve ser esquecido.[6] Sendo justamente o resultado uma complexa dialética entre essas duas modalidades de percepção, investimento e representação social, ela é também uma seleção, porque uma tradição implica distinções (e investimentos) num quadro infinito de possibilidades sociais e experiências históricas.

Dou um exemplo que me parece altamente significativo. Há seletividade e investimento simbólico na tradição brasileira quando representamos nossa identidade nacional através de um código racial. Como procurei demonstrar uma vez (Cf. DaMatta, 1981: 58ss.), a invenção de uma autêntica "fábula das três raças" é uma experiência cultural brasileira que pouco tem a ver com uma possível "história empírica" ou "concreta" das nossas diferenciações "raciais". Mas para descobrir e situar precisamente esse ponto fundamental da "ideologia nacional brasileira", será preciso *pôr em contraste* o modo de conceber as relações raciais, no Brasil, com o de outras tradições. Tomemos, como exemplo, o caso americano.

Quando aproximamos essas duas tradições, logo percebemos que, se em ambos os países, "brancos", "negros" e "índios" ocuparam posições-chave quando da colonização, conquista do território e própria formação da consciência nacional, nos Estados Unidos a identidade social não se constituiu a partir de uma "fábula das três raças", que as apresenta como simbolicamente complementares. Muito pelo contrário, a experiência americana se traduz numa ideologia na qual a identidade é englobada exclusivamente

---

[6] Relembro o que dizia Renan em 1882: "*L'oubli et, je dirais même, l'erreur historique sont un facteur essentiel de la création d'une nation...*" Citado em Gellner, 1987.

pelo "branco". Assim, para ser "americano", é preciso se deixar englobar pelos valores e instituições do mundo "anglo", que detém a hegemonia e opera seguindo uma lógica bipolar, fundada na *exclusão*.[7] Já no Brasil, a experiência com a hierarquia, a aristocracia, a escravidão e com as diversas tribos indígenas que ocupavam o território colonizado pelo português engendrou um modo de percepção radicalmente diverso. Tal percepção se faz por meio de um credo no qual se postula um "encontro" de *três raças* que ocupariam posições diferenciadas, mas seriam equivalentes dentro de um verdadeiro triângulo ideológico. A fábula divide a totalidade brasileira em três unidades complementares e indispensáveis que admitem um jogo complexo entre si. No Brasil, "índio", "branco" e "negro" se relacionam por uma lógica de *inclusividade*, articulando-se em planos de oposição hierárquica ou complementar. Com isso, o Brasil pode ser lido como "branco", "negro" ou "índio", segundo se queira acentuar (ou negar) diferentes aspectos da cultura e da sociedade brasileira. Qualquer "brasileiro" pode então dizer que, nos planos da alegria, do ritmo e da opressão política e social, o Brasil é negro; mas que é "índio" quando se trata de acentuar a tenacidade e uma sintonia profunda com a natureza. Por outro lado, esses elementos se articulam através de uma língua nacional e de instituições sociais que são a contribuição do "branco-português", que, nessa concepção ideológica, atua como elemento catalisador desses elementos, numa "mistura" coerente e *ideologicamente harmoniosa*. Afinal, não se pode esquecer que o "mestiço" (como entidade cultural e politicamente valorizada)

---

[7] Estou usando a expressão "anglo" como síntese de alguns aspectos cruciais da experiência norte-americana, como o individualismo, o igualitarismo, o capitalismo (e a consequente "comodificação" da vida social) e a institucionalização de critérios universalistas como pontos centrais na regulamentação da vida social. Neste sentido, veja-se Talcott Parsons (1958).

é um elemento fundamental da ideologia nacional brasileira, em contraste com o que acontece nos Estados Unidos, sociedade na qual até hoje a mistura e a ambiguidade são representadas como negativas.

Por outro lado, essas ideologias se reproduzem e se reforçam na percepção de que os Estados Unidos foram produzidos historicamente, isto é, *foram fundados* na implementação gradual e linear dos valores puritanos num território que ia imperialisticamente se ampliando; ao passo que, no Brasil, se fala numa *descoberta* feita *por acaso*, o que permite unir, num plano simbólico profundo, as ideias de sorte, encontro, milagre, mistura e hierarquia como forma de articular o relacionamento entre os diferentes.[8]

Isso nos mostra como os mesmos elementos empíricos que têm permeado toda a história das Américas são combinados e experimentados de modo diverso em cada sociedade e como essa experimentação é básica na constituição de suas respectivas identidades. Assim, os Estados Unidos salientam, no plano da constituição de sua totalidade, a tradição puritana fundada numa lógica de exclusões que faz aparecer como indesejável quem não é membro da paróquia. No universo anglo-saxão, se está dentro ou fora da comunidade, que é representada como homogênea e tende

---

[8] Vale a pena recordar que o primeiro capítulo dos livros de história do Brasil falam infalivelmente desta "descoberta" e que há um clássico debate entre historiadores luso-brasileiros para saber se a "descoberta" foi por acaso ou intencional. É óbvio que a tese da intencionalidade tende a contrariar esta ideologia porque apresenta o colonizador português como menos inocente e muito mais inteligente e organizado do que gosta de admitir nossa visão popular de Portugal. Foi a Dra. Lívia Neves de Holanda Barbosa, da Universidade Federal Fluminense, quem chamou minha atenção para o fato de o Brasil ter uma "descoberta" enquanto os Estados Unidos tinham uma "fundação", e o quanto isto refletia o contraste entre sociedades articuladas pelo individualismo e, no nosso caso, pelo individualismo combinado com holismo. Com relação à problemática do holismo e do individualismo, ver Louis Dumont (1970, 1970a e 1986) e também Tcherkézoff (1987). Para estudos do Brasil como um sistema dividido entre individualismo e holismo, igualdade e hierarquia, ver DaMatta (1979, 1985, 1986a e 1986b).

a tratar todos os seus membros isonomicamente, conforme suas *regras constitucionais*.

Esse é um ponto importante, porque temos que distinguir "regras" ou "leis constitucionais" – que são normas escritas, fixas, conscientemente discutidas e elaboradas com base na ideia ocidental e moderna de "revolução" ou grande transformação social; regras feitas e *promulgadas* para vigorarem num dado território nacional[9] – de um outro conjunto de normas não escritas ou discutidas como tal pelos membros de uma dada coletividade. Tais regras tendem a ser concebidas como eternas, naturais, e frequentemente sua origem é atribuída a alguma entidade sobrenatural (a um Deus único e verdadeiro, por exemplo, como no caso dos Dez Mandamentos) ou a um poderoso ancestral comum que viveu no início dos tempos. Nesse segundo grupo de normas sociais podem ser incluídas as regras que governam a reciprocidade, a hospitalidade, a lealdade e o bom-senso. Nas sociedades tribais, essas regras são obviamente dominantes. O conjunto do primeiro grupo de normas, porém, constitui o cerne da legislação das coletividades modernas; já as do segundo grupo seriam a base das coletividades que alguns sociólogos chamavam de "comunidades naturais". A dramática passagem de um conjunto para outro, com a eventual transformação, absorção ou inibição do segundo conjunto de normas pelo primeiro, faz parte da "grande transformação" do nosso tempo, uma vez que funda os chamados "Estados nacionais" ou as "nações modernas", sendo mesmo o centro gravitacional através do qual transita o processo de modernização. Neste sentido, modernização implica englobamento das normas vigentes na "casa" (as regras

---

[9] Para um estudo clássico da ideia de revolução, ver Hannah Arendt, 1988 [1963]. Ver também Eric Hobsbawn (1977) para um panorama histórico desses valores. Sobre o papel da escrita no desenvolvimento das sociedades e dos sistemas legais, ver Jack Goody (1986).

não escritas que governam a reciprocidade, a amizade e a lealdade) pelas leis feitas no universo da "rua" (regras constitucionais escritas, concebidas por pessoas enquanto súditos, indivíduos ou cidadãos). Mas no caso do Brasil, embora o credo igualitário seja reconhecido e adotado como parte do aparato "constitucional", o investimento simbólico da sociedade permanece paradoxalmente complementar e inclusivo. No Brasil, a ideologia racial segue a mesma lógica de outras instituições sociais no tocante às diferenças, tornando-as complementares. Nos Estados Unidos, ao contrário, a diferença surge como tal, engendrando conflitos e dilemas, conforme nos ensinou Gunnar Myrdal (1944 [1962]).

Assim, na sociedade cujo credo é igualitário, as relações raciais reintroduzem a hierarquia por meio de um código que a sociedade institui como "natural": o código da classificação "racial". Em contrapartida, na sociedade brasileira, cujo cotidiano se desenrola com base na desigualdade política e econômica, a experiência das etnias inventa uma "fábula das três raças" que faz com que todos sejam moralmente equivalentes. Nos Estados Unidos opera o princípio do "igual, mas diferente", que, conforme sugeriu Otávio Velho (1985), talvez seja o ponto básico da sócio-lógica individualista; ao passo que a *lógica relacional* estaria fundada no justo oposto. Ou seja: no princípio do "juntos, mas complementarmente diferenciados". Num caso, as mediações são obviamente impossíveis: ou se é branco ou negro (ou índio); no outro, todas as mediações são não somente possíveis, como essenciais para a dinâmica do sistema. Voltarei a esse ponto mais adiante. Agora quero continuar discorrendo sobre algumas das propriedades sociológicas do conceito de "tradição".

Dizia que é o *contraste* entre tradições que ajuda a perceber seus respectivos valores, ou, como diz Louis Dumont, seus *elementos englobadores*. Realmente, pouco ajuda dizer que a tradição ibero-latina é feita de uma combinação escandalosa de feudalismo, tomismo, capitalismo, liberalismo, hierarquia, favor, corporativismo, dominação de classe, insulamento burocrático, razão dualista e o que mais se queira adicionar à feijoada, caso não se estude qual o peso e o significado de cada um desses elementos naquela tradição.

Afirmar, por exemplo, que no Brasil a combinação profunda de escravismo (e do favor como um sistema) com ideias liberais é um escândalo social e político e um sintoma de "impropriedade" e de óbvia inconsistência morfológica – como faz brilhante e precisamente Roberto Schwarz – é desistir muito cedo. Todo o mundo já sabe que no Brasil (como na América Latina) tudo está fora de lugar. Mas onde não estaria? A pergunta está longe de ser retórica. Se lançarmos um olhar agudo e ingênuo sobre os Estados Unidos, logo verificaremos a presença na sociedade americana de vários "bolsões hierárquicos" nas fraternidades universitárias, em muitos clubes e associações voluntárias e em alguns rituais como o Mardi Gras de Nova Orleans (Cf. DaMatta, 1979: Cap. III), bem como a vigência da patronagem e do favor (basta examinar a vida universitária, marcada tanto por intensas simpatias pessoais que abrem portas e fornecem *scholarships* como por antipatias que produzem resenhas azedas e limitam esperanças de *tenure*), centralismo, insulamento burocrático, tomismo e tudo o mais. Mas neste caso, como na França e na Inglaterra (para ficarmos nessa tão distinta e admirada tríade), as ideias estão rigorosamente no lugar.

Ora, isso assim parece porque a variedade empírica contida na realidade social (que é diversa por natureza) se orquestra e se engloba num só credo ou sistema de valores: o do igualitarismo liberal individualista, que é efetivamente dominante e hegemônico nessas sociedades. A impressão distinta de "ordem" e de coerência produzida por esses sistemas liga-se diretamente a essa sólida moldura ideológica que torna ilegítimos outros conjuntos de regras. O problema, assim, não é "descobrir" que as coisas estão fora do lugar, mas compreender o lugar das coisas. Ou seja: a ordem de legitimidades pela qual uma sociedade articula as práticas e os valores (sempre contraditórios) vigentes em seu meio. O que parece caracterizar o caso do Brasil é a ausência da necessidade desta articulação, daí a nossa perene autossurpresa com nosso sistema.

Mas para entender isso é preciso perguntar: Qual a lógica que preside essa desarrumação tão aparentemente pré-lógica? Ora, é precisamente essa pergunta que ninguém fez. Sem ela, a tradição brasileira e o conjunto institucional que ela legitima convertem-se num mistério. Entretanto, o quebra-cabeça começa a fazer sentido caso se reflita sobre o lugar do favor, da patronagem e das relações pessoais no sistema social brasileiro, contrastando seu peso com tudo aquilo que as "leis constitucionais" apresentam e exigem do sistema.

Isso feito, rapidamente se desvenda aquilo que todo o mundo já sabia, mas não percebia: que as relações pessoais e as regras impessoais que regem o liberalismo brasileiro correm lado a lado e em esferas sociais mutuamente exclusivas, embora complementares. Assim, enquanto o liberalismo (e o sistema constitucional que vem com ele) é assunto para o Parlamento e para o mundo da economia e da "política" – universo que no Brasil, como em outras sociedades, é metaforizado pela *rua* –, a ideologia e os valores que governam o sistema do favor e da patronagem atuam no universo metaforizado pela *casa*. Suas relações têm não apenas pesos diversos, mas também áreas de atuação diferenciadas. Disto decorre uma lógica dúplice e circular que pode ser expressa pela fórmula, seguinte: "É precisamente porque sou liberal perante a vida pública do país que tenho o 'direito' de ser escravista ou paternalista em casa." Ou, em outras palavras, e tomando Machado de Assis como exemplo, é justamente porque, como diz Schwarz, era "um jornalista combativo, entusiasta das 'inteligências proletárias, das classes ínfimas'" que Machado podia ser, simultânea e congruentemente (para o sistema que separa a casa da rua), o "autor de crônicas e quadrinhas comemorativas, por ocasião do casamento das princesas imperiais, e finalmente o Cavaleiro e mais tarde Oficial da Ordem da Rosa" (Cf. Schwarz, 1977: 21). Como se o desempenho na "rua" lhe desse o direito de ser o oposto em "casa". Seria isso uma incoerência pessoal ou um dado básico de um sistema que recusa a coerência burguesa e o governo por apenas um conjunto de regras?

A meu ver, o erro dos analistas tem sido o de contentarem-se muito facilmente com a constatação da dualidade institucional, tomando-a como algo incoerente e "fora do lugar". Mas, e se a dualidade for autorreferida, fundada numa "oposição hierárquica"? Neste caso seria importante examinar como o comportamento de certas pessoas físicas e jurídicas mudaria de acordo com o contexto ou o lugar onde estão. Isso pode revelar que há uma lógica no "cinismo brasileiro".

O que estou tentando dizer é que, quando investigamos o Brasil, em geral não conseguimos nem vestir a camisa da lógica social brasileira, nem escapar da camisa de força da lógica que aprendemos nos grandes centros intelectuais do Ocidente. Neles, disse que as contradições ideológicas conduzem sempre ao conflito e a profundas transformações sociais. Mas no Brasil – e no resto da América Latina – a contradição quase sempre instiga discursos inflamados na rua e nada mais que espirituosas anedotas em família.[10]

---

[10] Já dizia um arguto observador da vida brasileira, o inglês Ernest Hambloch, que foi cônsul da Inglaterra no Brasil, que o brasileiro "é à prova das palavras" porque não teria

Ou seja, num meio segmentado, regido por duas ou três éticas, as ideias contraditórias podem ser hierarquicamente integradas na base de diferentes englobamentos. De tal modo que, para certas coisas, sou liberal; para outras, sou paternalista. Mas posso ser assim porque o sistema me permite usar a mão direita ou a esquerda para interpretar os mesmos fatos e realizar certas coisas. Alguns antropólogos têm revelado que a mão direita é englobadora quando se trata de realizar coisas oficiais. Mas para outras, como limpar-se ou ter relações sexuais, é a esquerda que conta.[11] É precisamente por isso que o Carnaval – ineludivelmente um rito de inversão, tendo sido largamente acionado, na história de alguns países europeus, como instrumento de protesto e transformação social (Cf. Davis, 1975) – tem seu lugar seguro no Brasil, ao lado dos ritos cívicos (e solenes) do Estado e das festas relativamente neutras da Igreja. Achar que esses três modos altamente diferenciados de celebração da vida e da identidade social são prova de um escândalo lógico – seguindo o princípio das coisas "fora do lugar" – é certamente perder de vista o estudo dos níveis de englobamento que operam na sociedade e permitem compreender sua dinâmica social mais profunda.

---

nenhuma coerência entre o que dizia e o que praticava. Também afirmava: "A política no Brasil nada tem a ver com as questões políticas" (...) E, ainda: "Questões pessoais entram na política de todos os países. Mas desde o estabelecimento da República, elas tornaram-se a quintessência do que é chamado a política brasileira. Não existem programas políticos, e até a questão 'Que programa adotaremos a fim de conseguir que o país nos coloque no poder?' não chega a surgir. A questão a ser decidida é apenas esta: 'Que elementos políticos devemos conciliar a fim de permanecer no poder ou, alternativamente, alcançá-lo?'" (Hambloch, 1981).

[11] Vejam-se Rodney Needham (org. 1973) e Beidelman (1961). Aqui, porém, estou seguindo a perspectiva de Dumont (1986) quando critica o plano estático destes estudos e sua incapacidade de ver no dualismo das mãos os seus encompassamentos hierárquicos; o que faz com que a "esquerda" seja fundamental em certos contextos, quando uma lógica de reversão é aplicada. Ver também estudo crítico mais geral de Serge Tcherkézoff.

Nesta perspectiva, pode-se dizer que o estudo de nossa realidade revela não o conflito aberto (que conduziria à ação transformadora), mas um radicalismo chique, de tipo elitista, que tende a ser teatral e retórico e que se mostra numa prática política que Philippe Schmitter chamou de "pactualista" (Schmitter, 1971). Um estilo político que tende a ser "à prova de palavras" e de coerência burguesa, pois inclina-se a adotar todas as formas. Um sistema que é efetivamente *canibalístico* (conforme já intuíra Oswald de Andrade) e que tem a incrível capacidade de fazer como o segundo marido de D. Flor, o Dr. Teodoro Madureira, cujo mote na vida era: "Um lugar para cada coisa, cada coisa em seu lugar." Eis um princípio social capaz de tudo conciliar, desde que se explicite o contexto em que se fala ou se deseja ser alguma coisa. Assim, não é nada escandaloso falarmos: "Sou liberal apenas no Congresso... que ninguém é de ferro!" Ou anunciarmos: "Sou favorável ao mercado e à competição, mas apenas quando se trata das empresas alheias!"

Neste nível, as *Kantianas brasileiras*, de Wanderley Guilherme dos Santos, enquadram, seguindo o velho modelo, essas visões contraditórias. Pena que o autor só as discuta como expressões de uma suposta "razão dual" ou como uma "dual ética da razão política nacional", quando ele poderia tomá-las, *amadianamente*, como uma oposição hierárquica e complementar que tem a trágica capacidade de compensar as injustiças do sistema.[12] O assustador, no caso brasileiro, não seria a presença de contradições e "cinismos", mas o estilo tolerante de com eles lidar. Compreender, pois, a razão profunda da tolerância será criar a capacidade para romper com a teia de compensações do sistema.

---

[12] Minha referência ao livro de Jorge Amado *Dona Flor e seus dois maridos* não tem a menor pretensão de "crítica literária". Antes, estou tomando o romance como um elemento revelador (por motivos que já expus alhures [Cf. DaMatta, 1985] e desenvolvo aqui) da "ideologia brasileira".

Mas, para chegar a isso, teremos que investigar detidamente a dialética da tradição brasileira, dando mais atenção às anedotas que contamos em casa e a outras obviedades culturais.[13] O que nos conduziria à complexa gramática dos englobamentos, às passagens entre o universo da "casa" e o da "rua" e às comutações entre "este mundo" e "o outro". Pois todos sabemos que, na consciência social de qualquer brasileiro, está impresso em letra de fogo aquela frase citada por Oliveira Vianna: "Sou capaz de todas as coragens, menos da coragem de resistir aos amigos!" Nesta expressão, diz Oliveira Vianna (revelando uma intuição sociológica que nem sempre seguiu na sua obra), estaria todo o sentido da "nossa índole cívica" e também a definição de nossas tendências mais íntimas relativamente à "nossa conduta no poder" (Oliveira Vianna, 1923).

Mas quero ir ainda mais longe para afirmar que, sem descobrirmos essas relações profundas entre a lei (conscientemente escrita, promulgada e implementada em função dos "indivíduos") e os "amigos" (que são regidos por regras implícitas e internalizadas em códigos muito mais difíceis de enxergar), pouco avançaremos no entendimento da realidade social brasileira (e latino-americana). De fato, a frase simplesmente exprime essa incompatibi-

---

[13] O enorme desencanto com o chamado "processo de redemocratização", após o fim do regime militar, tem levado alguns observadores da vida nacional a começar a se dar conta do lado intolerante, autoritário, patrulheiro, cínico e grupista presente no sistema brasileiro. Tais traços não seriam consequências de uma "tradição" estática ou imutável, nem de "instituições estruturais e disposições de comportamento anteriores", no modo sofisticado e nada imaginativo de dizer do sempre arguto Philippe Schmitter (1973: 182). Seriam a resultante de um dilema existente nas forças sociais que governam a sociedade e a nação brasileiras. Quero me referir, correndo o risco de me repetir, às forças modernas da igualdade (que estão implicadas e pressionam o lado constitucional do Brasil) e também às forças tradicionais da hierarquia que operam no seu lado pessoal e familístico. Rua e casa no Brasil estão complementarmente autorreferidas e, tal como ocorre em outras sociedades latino-americanas, continuam sendo incompatíveis e não têm referência institucional independente.

lidade verdadeiramente anedótica entre a isonomia da lei universal em perene conflito com os motivos das amizades e dos parentescos. Ela se liga a outra *boutade* igualmente conhecida: "Aos amigos tudo, aos inimigos a lei!", que revela "soluções brasileiras" para o conflito – que de resto ocorre em todas as sociedades que se decidiram pelo igualitarismo burguês – entre as normas constitucionais (necessariamente universais, escritas, e teoricamente impessoais e automáticas em sua aplicação) e as razões pessoais que sao específicas e estão gravadas nos corações. E mostra como, no Brasil, *as relações pessoais tendem a englobar as leis* no "desabafo" caseiro despreocupado que exprime uma dura verdade social como *boutade*, modo brasileiro (e, quem sabe, latino-americano) de contornar um problema, transformando um dilema sociológico em anedota.

Tudo isso nos leva a entender melhor os mesquinhos rituais de fuga da isonomia política, como o "sabe com quem está falando?!" e o "jeitinho", que são formas brasileiras de "corromper" e – eis o ponto que não é percebido – de *relacionar* a letra *dura* (porque escrita, fixa, universal, automática e anônima) da lei com as gradações e posições hierarquicamente diferenciadas que cada "conhecido" ocupa numa rede socialmente determinada de relações pessoais.[14]

---

[14] Num estudo original e importante, Lívia Barbosa revela como o "jeitinho brasileiro" está em linha de continuidade com o "favor". São duas as etapas do "jeito": (a) a humanização, em que se igualam os diferentes (os que detêm o poder naquela situação e os que não o detêm) por meio de um apelo irresistível (no caso da sociedade brasileira) ao fato de que somos todos humanos e devemos em princípio ter piedade uns dos outros; e (b) fazer com que o "outro" troque de lugar com quem precisa do "jeito", assumindo suas razões, o que permite personalizar o estranho. Para um estudo do "jeito", ver Lívia Barbosa, 1992. Noto que Roberto Campos e, seguindo suas ideias, Philippe Schmitter falam do "jeito". Mas sua perspectiva é moralizante e informada pela praticalidade que supõem sempre presente na vida social. Assim, para eles, o jeito é um desvio e um epifenômeno decorrente de leis infuncionais e de um catolicismo antimoderno, não a expressão profunda de valores sociais. Para uma avaliação penetrante da "praticalidade", veja-se Marshall Sahlins (1979).

Quer dizer: quando as leis constitucionais entram em conflito com as normas não escritas da amizade, estamos em crise, pois podemos englobar as regras universais com as normas da amizade ou fazer o inverso. Caso o objetivo seja o de "resolver o problema", podemos proceder publicamente como se estivéssemos em casa: pela nua e crua apropriação privada da coisa coletiva. Damos então o emprego público ao parente. Mas em público tentamos todos ser "progressistas", dando apoio incondicional às regras universais. O fato básico, porém, é que as relações entre casa e rua são intransitivas: o que se pratica num lugar não deve ter reflexos no outro.[15] Essa circularidade indica como casa e rua se constituem em universos autorreferidos e nos ajuda a entender a paradoxal nostalgia do abolicionista Joaquim Nabuco quando disse ter "saudade do escravo" (Nabuco, 1949: 231). Seria essa mais uma manifestação das ideias fora do lugar? Ou apenas o honesto reconhecimento do nosso modo de "navegação social", de

---

[15] É um dado sociológico notável a surpresa da maioria dos brasileiros quando são denunciados em plena prática nepotista, o que mostra como casa e rua estão divorciadas no Brasil. Assim, confrontado com o filho bastardo, a enorme fortuna e a prática familística, o deputado que prega a coerência ideológica, o esquerdista e o político tradicional berram a injustiça e a ilegitimidade política do questionamento, como se a prática (o que se faz "realisticamente" em casa com [e pelos] parentes e amigos) nada tivesse a ver com a teoria, ou com o que se prega na rua entre os correligionários e o eleitorado em geral. Em suma, a coerência da conduta (na casa e na rua) não está politizada no Brasil. Aliás, nossa tradição tende a não politizar essas discrepâncias, situando o mundo privado como infenso aos escrutínios ideológicos ou públicos. Conforme assinala Francisco Rezek, ministro do Supremo Tribunal Eleitoral em entrevista ao jornal *Folha de S. Paulo* (em 24/12/1989): "Como o fulano trata do dinheiro público? Qual a sua ideologia? Tudo isso é da nossa conta. Agora, quais são os seus hábitos sentimentais? Isso não é da nossa conta." Quer dizer, nessa opinião, continuamos com a casa e a rua como dois campos incomunicáveis. Perguntar-se-ia ao ministro: E quando os hábitos "sentimentais" têm a ver com o dinheiro público? A teoria da separação entre o público e o privado é tão antimoderna e antiliberal que ela eliminaria a possibilidade da crítica ao sistema como um todo. Se o dinheiro foi ganho pelo dono da fábrica, se a fábrica lhe pertence, por que não poderia ele pagar o salário que desejasse aos seus empregados?

um estilo de vida no qual o mundo público, o universo da rua, segue por um lado enquanto o domínio da casa segue por outro? Realmente, o que Nabuco diz com todas as letras é que ele ajudara a combater a instituição da escravidão, mas que tinha saudade de suas relações afetivas e pessoais com alguns escravos. Podemos condená-lo como mais um brasileiro fadado a sofrer as danações de uma consciência dualista, cínica e irracional, mas assim fazendo nos condenamos a interpretar o dilema como contradição. Mas podemos abrir nossa imaginação sociológica e ver que Nabuco (como tantos outros) está apenas realizando uma operação rotineira no universo social latino-americano: aquela de dividir a casa e a rua em dois espaços separados, para em seguida poder relacioná-los de maneira complementar. Com isso, casa e rua passam a ser domínios sociais autorreferidos e não podem ser englobados por outro conjunto de normas situado fora deles. Tudo se passa como se estivéssemos vendo um jogo de futebol em que os dois times fossem estabelecendo as regras durante o desenrolar da partida, sem ter – como ocorre no campo esportivo moderno – normas inteiramente desvinculadas de suas relações de oposição do campo. É essa intransitividade entre casa e rua que permite *voltar, retomar, conciliar e reconsiderar*, e, sobretudo, *começar tudo de novo*...[16]

Tais observações permitem lançar luz sobre uma questão crítica. Trata-se do problema dos valores. Dizer que uma sociedade

---

[16] Alguns estudiosos da sociedade brasileira têm chamado a atenção para o "hibridismo" e a notável capacidade de sobrevivência destes valores sem – a meu ver – atinar com sua lógica mais profunda. Assim, Schmitter, no curso de uma argumentação importante para o que estou desenvolvendo aqui, fala de um "sistema" (sic! Cf. Schmitter, 1971: 376), mencionando as dificuldades lógicas do pesquisador para descrevê-lo. Em suas próprias palavras: "Eu precisava de um modelo que salientasse certas características únicas, relativamente estáveis, de um sistema intermediário que não era nem pluralista nem mobilizacional, tendo, porém, traços de ambos" (1971: 377). Em seguida, faz uma série de observações formais, apontando o fato de que o Brasil seria

escravocrata não poderia adotar ideias liberais é não entender que as ideologias se casam sem pedir licença aos sociólogos. No mundo real da história e das sociedades, é essa relação entre o "mais atrasado" e o "mais adiantado" que permite as grandes inovações. Aliás, o consórcio já é uma inovação, embora possamos percebê-lo sistematicamente como doença ou sintoma de que há algo errado no sistema. O problema é que esta é uma inovação original e realizada *por nós*. Assim, a ausência de casos semelhantes faz com que sejamos taxativos em relação ao nosso sistema, esquecendo que, na Europa, foi um acasalamento também paradoxal de ascetismo com trabalho definido como um "chamado" (ou vocação) que permitiu a enorme liberação de energia que conduziu à institucionalização do capitalismo. Lembro, seguindo um *insight* importante do antropólogo Stanley Tambiah (1973), que a tese de Weber se funda precisamente numa "relação indireta" e surpreendente, invertida mesmo, entre uma ética que propõe o ascetismo, o controle, a moderação no comer e no vestir, a continência e a igualdade radical, e a acumulação capitalista. A disciplina que liberou o indivíduo da coletividade para colocá-lo a serviço de Deus gerou uma religião "deste mundo" e tornou possível unificar "este mundo" e o "outro", o "Estado" e a "sociedade civil"; ou, nos termos da categorias sociológicas usadas no Brasil, a "casa", a "rua" e o "outro mundo".

Mas enquanto isso não for percebido, pouco deve mudar. Continuaremos fazendo uma leitura da América Latina como um campo de batalha exclusivo entre as forças de direita e de esquer-

---

uma sociedade fracamente integrada. Ora, a persistência do chamado "sistema" parece revelar o oposto. De fato, como tenho dito, trata-se de um sistema altamente funcional que, operando com base em três códigos, pode confrontar-se com todos os seus problemas, sem, entretanto, ter que optar por nenhuma solução hegemônica ou definitiva, caso em que forçosamente teria que institucionalizar regras que se situassem *fora de todos os códigos que operam dentro do sistema*.

da, do liberalismo e do estatismo, do nacionalismo e do imperialismo, do capitalismo e do comunismo, deixando de lado uma outra luta muito mais profunda. Que luta é essa? É a que se trava entre os níveis formal e informal do sistema. Entre o nível que denomino de "constitucional" e o conjunto de códigos pessoais de conduta que não estão escritos e são tomados como "naturais" pelos membros do sistema. Ou seja: o problema é saber até onde essas regras formais que nasceram com o mundo burguês, essas "leis nacionais" e "constitucionais" que estão na base do chamado "Estado nacional", podem englobar as regras que comandam a sociedade. Tem sido minha tese que o Brasil é marcado pela existência de uma relação profunda entre essas dimensões da vida social. Um país no qual um sistema de relações pessoais e uma ordem nacional fundada vieram a se encontrar mais tarde com o ideário liberal universalista inventado na Europa e nos Estados Unidos a partir de uma experiência histórica radicalmente diversa. Sobretudo no caso do Brasil, que teve uma história colonial nada típica e até mesmo bastante original, com a vinda da família real para o Rio de Janeiro em 1808.[17]

É neste nível que o estudo das tradições (como o plano privilegiado dos significados culturais) pode nos ajudar. Foi o que fiz estudando o Carnaval como ritual nacional, tomando-o não nas suas irrelevantes variações regionais e locais, mas em suas grandes mensagens, nas quais uma inversão do mundo é patente. Mas logo notei que o mundo social brasileiro e a identidade que dele deriva também se constituíam (e celebravam) por meio de dois outros ciclos de festas: os ritos cívicos, que legitimavam o poder

---

[17] Fato em relação ao qual parece haver uma verdadeira amnésia nos estudos brasileiros. E do qual, pelo que sei, não existe uma boa avaliação política e, sobretudo, simbólica e ideológica.

e a sua transmissão, recuperação e até mesmo destituição – das festas de formatura aos comícios políticos de posse (Cf. DaMatta, 1986b) –[18] e, obviamente, os cerimoniais da Igreja Católica Romana, que servem como paradigma para as ligações deste mundo com o outro. Estaríamos diante de um sistema social que institucionaliza três modos de leitura de si mesmo rigorosamente incoerentes, como muitos estrangeiros têm apontado quando experimentam o Carnaval brasileiro, ao perguntar: "Diga-me, por que essa festa com tanto luxo e desperdício quando há tantos pobres no Brasil?"

É evidente que, também para eles, as ideias (e as celebrações) estavam fora do lugar. Pois como um país pobre poderia produzir uma utopia rica, sensual e alegre? De acordo com a lógica ocidental, isso jamais poderia ocorrer. Se uma sociedade é pobre, ela só poderia celebrar sua própria miséria. Nisso ela estaria sendo não só funcional, mas também profundamente linear e coerente com a lógica das ideias no lugar... Mas o certo é que, a despeito da lógica burguesa que aprisiona nossa imaginação, existe um elo profundo entre esse dia a dia miserável e injusto e o drama que subversivamente o Carnaval produz e articula.

Talvez pudéssemos começar a entendê-lo se fôssemos menos lineares em nossa busca. Diríamos, então: há Carnaval com luxo precisamente porque há miséria social e pouco espaço político para o exercício da cidadania. O Carnaval seria um "rito de vingança" e, tal como os "quebra-quebras", produziria uma reversão da ordem social. Nele as relações não seriam lineares ou transitivas, mas plenamente dialéticas. Só quando se tem hierarquia aco-

---

[18] Ninguém estudou os símbolos que, na América Latina e no Brasil, se ligam à transmissão pacífica do poder (como a "faixa presidencial" que, conforme notei [Cf. DaMatta, 1986], é "penetrada" pelo Eleito ou "o Homem" [a pessoa que engloba – ou "representa" todo o sistema]); ou a sua violenta destituição, como "botar os tanques na rua" e/ou "fechar o Congresso Nacional".

plada ao credo burguês apoiado no mercado e no igualitarismo é que se celebra um rito da desordem como o Carnaval. Um ritual cuja simbologia indaga precisamente sobre as possibilidades de trocar de lugar, ainda que por um breve período.

Como disse melhor do que ninguém Joãosinho Trinta, ex-carnavalesco da Escola de Samba Beija-Flor de Nilopólis, do Rio de Janeiro: "Quem gosta de miséria é intelectual, pobre gosta de luxo!" Nisso está contida não só a fórmula espontânea e autêntica da *carnavalização* (o ritualizar pela troca dos lugares), como também a percepção de que as coisas nem sempre vão juntas. No fundo, Joãosinho Trinta está dizendo também que, no Carnaval, o mundo deixa de ser englobado pelos valores da razão prática, que determina que as ideias fiquem calvinisticamente nos seus lugares e orientem religiosa e coerentemente as palavras e o comportamento. Um Carnaval não pode ser confundido com uma "jeremiada", que, como diz Bercovitch (1978), "é um ritual concebido para juntar a crítica social e a renovação espiritual, a identidade pública e a privada".[19] No Carnaval, a existência é momentaneamente englobada pelos pobres disfarçados de ricos e nobres.

Mas isso não é tudo, porque alguns meses depois, numa parada militar, essa mesma realidade é englobada pelos valores do nacionalismo e da "pátria amada, idolatrada, salve, salve!", com toda a sua riqueza emblemática. O que obviamente se produz é uma outra leitura da ideia de *ordem*, criando-se um momento em que

---

[19] Bercovitch fala, em seguida, da jeremiada norte-americana nos seguintes termos: "A questão nestas jeremiadas dos últimos tempos, tanto quanto nas suas precursoras do século XVII, nunca foi 'Quem somos nós?', mas sempre uma fuga deliberada desta questão, o velho e profético refrão: 'Quando nossa jornada chegará a termo?' (...) E as respostas, tal como ocorria nas jeremiadas puritanas, invariavelmente juntavam lamentação e celebração, reafirmando a missão da América" (1978:11). Novamente o contraste com o Brasil é flagrante. Entre nós, a questão sempre foi e ainda é: "Quem somos?" Pergunta que conduz não a uma jornada, mas a uma metafísica de "raça" e doutrinas políticas e sociais.

o sistema navega englobado pelas "autoridades constituídas", que, geometricamente dispostas num espaço cívico, são solenemente embaladas pelo hino nacional na comemoração do dia da pátria (o brasileiríssimo Sete de Setembro). Aqui, cria-se uma comunidade definida com base na ideia de "nação" e realizamos um drama que é o contrário do Carnaval. Agora, dramatizamos a hierarquia, não mais a equivalência moral carnavalesca. Na parada militar, e até no comício político libertário, não perdemos de vista a hierarquia, apresentando um espaço construído numa estética de posições bem marcadas, com cada personagem no seu devido lugar.[20]

Mas essa vertente dos rituais cívicos também não é exclusiva ou dominante, diferentemente do que ocorre nos Estados Unidos, sistema no qual o chamado "civismo" – ou uma "religião civil", na expressão original de Rousseau retomada por Robert Bellah (1975) – permeia e engloba não só os valores da vida diária, mas igualmente a lógica das grandes dramatizações sociais como o Dia da Independência, o Dia dos Veteranos (Cf. Warner, 1959) e,

---

[20] Todos os comícios políticos brasileiros seguem uma produção padronizada, que reúne elementos da procissão, do Carnaval e das paradas militares. Das procissões há o elemento quase religioso e carismático de alguns temas e personagens-referência do evento, chamado de "comício do Fulano ou Beltrano". Do Carnaval há o clima que acentua a possibilidade de mudar os tempos, os regimes, as pessoas e as coisas trocando de lugar. E das paradas há o elemento englobante, hierarquizado, que acentua o palanque e, consequentemente, divide os "candidatos" e "políticos" do "povo". Além disso, há uma rígida hierarquia na ordem dos discursos, sendo muito importante ter a palavra final, pois se "quem ri por último, ri melhor", quem fala por último engloba o evento como um todo. Sabe-se de muitos incidentes, mesmo na campanha carismática visando às eleições diretas, causados pelos passes para "subir no palanque" e ficar perto dos personagens que tinham controle sobre o acontecimento. De resto, basta olhar uma fotografia de um desses eventos para ver como eles se orientam como uma parada militar, com os "superiores" afirmando metonimicamente sua posição. Uma vez, apresentando essas observações a um colega, recebi de volta, na forma de um comentário desanimador, indicativo de que, afinal de contas, estávamos no Brasil, o seguinte: "Mas isso é parte da nossa tradição!" De acordo, mas não significa que ela enterre nossa inteligência, ou que não devamos estudá-la com todas as letras...

naturalmente, o Dia de Ação de Graças.²¹ Se os norte-americanos, porém, têm *dias* de celebração, nós temos *semanas*. Assim, antes da Semana da Pátria, estamos às voltas com uma Semana Santa na qual podemos "ler" e celebrar a unidade social englobados pelos valores do "outro mundo", tal como explicitamente apresentados pela Igreja Católica Romana.

Tenho acentuado que o caso brasileiro espanta pela circularidade e pela adoção de modos diferenciados (e complementares) de celebração social. Tenho estudado esse quadro como parte de um sistema fundado na lógica da hierarquia e da complementaridade, em vez de tomá-lo como prova de contradição, indecisão histórica ou irracionalidade cultural. Será que o Brasil ficou a meio caminho entre uma perspectiva verdadeiramente católica, outra que seria cívica (e moderna) e outra ainda que é "medieval", autenticamente popular e "carnavalizadora"? Ou a sociedade fez exatamente como dona Flor – esse personagem de Jorge Amado que é uma metáfora do Brasil (Cf. DaMatta, 1985) –, que escolheu as três e deu a todas níveis de profundidade semelhantes e complementares? Esta é a possibilidade interpretativa que insisto em considerar como chave para entender sociologicamente o Brasil e, por extensão, a América Latina e a chamada "tradição ibero-latina".

Um breve estudo do "sistema ritual" brasileiro reconduz ao quadro social mais amplo dos "traços" constitutivos da nossa tradição. Mas na perspectiva que estou sugerindo, tudo muda. Já podemos ver que não se trata apenas de mera contradição, mas de uma lógica que salienta o ambíguo e o intermediário. Dito isto, seria

---

²¹ Diríamos aliás, parodiando Almond e Verba (1963), que o caso norte-americano não é ter uma *civic culture*, dada aos Estados Unidos como um traço de uma genética cultural muito mal explicada, mas ter uma "cultura" englobada pelo civismo, o que é uma coisa muito diferente. Veja o ensaio sobre a natureza neste volume para uma outra comparação entre Carnaval e Dia de Ação de Graças.

talvez mais produtivo pensar o Brasil com base no número três. Como um sistema tematizado por mediações, e não pela famosa "razão dualista". Afirmo isso porque penso que temos usado sempre uma epistemologia individualista para estudar uma sociedade que se pensa a si mesma como relacional. De fato, podemos falar do Brasil através de oposições ou de mediações. Na verdade, as figuras intermediárias são legião, embora isso sequer tenha sido observado nas análises sociológicas do Brasil. Em consequência, faz-se uma leitura dualista de uma lógica social que é de fato triádica, complementar e hierárquica. Realmente, de um ponto de vista formal, pode-se reduzir o mulato ao negro ou ao branco. E essa *démarche* tem sido apresentada como um "avanço" sobre outras explanações.[22] Mas do ponto de vista dos valores da sociedade, o "mulato" não é simplesmente um resultado empírico de uma relação física entre "raças", mas a expressão do englobamento das oposições por sua relação. Trata-se, como percebeu Carl Degler (1971), de uma "válvula de escape", um mecanismo que libera tensões sociais e permite compensações. Tenho interpretado o sistema brasileiro de modo semelhante, sugerindo que ele parece ser *substantivamente funcional*, permitindo sequências inusitadas de *compensações sociais*.

---

[22] Penso sobretudo nas interpretações "marxistas" que reduzem o preconceito de cor a um mero reflexo da estrutura econômica, tomada como se fosse uma "estrutura de classe". As formas mais crassas deste modelo esquecem dois pontos cruciais. O primeiro é que é preciso discutir essa "estrutura de classe" no caso do Brasil e da América Latina, sociedades nas quais ela está embebida da patronagem e do favor; o segundo é que o chamado "sistema racial brasileiro", com todas as suas mitologias e fabulações, cria também a sua etiqueta, o seu simbolismo, e se manifesta seguindo um estilo próprio que é necessário investigar. Ele certamente não está no ar, mas nem por isso pode ser visto como mero reflexo de uma "estrutura de classe" que é, igualmente, simbólica (e convencional) na sua natureza mais profunda. Uma vez inventado e implementado num credo, um sistema de ideias passa a fazer parte do cenário e se confunde com a própria ideia de "realidade social".

Mas há consequências epistemológicas profundas quando se tem uma sociedade a meio caminho entre individualismo liberal e holismo hierárquico. Em sistemas assim constituídos, estamos diante da rara possibilidade de observar a *institucionalização do intermediário* como um modo fundamental e ainda incompreendido de sociabilidade: da mulata, do cafuzo, do mameluco (no sistema de classificação racional);[23] do despachante (no sistema burocrático); da prima(o), da(o) amante e da namorada(o) (no sistema amoroso); do santo(a) e do purgatório (no sistema religioso); da reza, da cantada, da música popular, da serenata, do discurso vazio e do olhar (no sistema de mediação que permeia o cotidiano); da varanda, do quintal, da praça e do beco (no sistema espacial); do jeitinho, do "sabe com quem está falando?", e do "pistolão" (nos modos de lidar com as leis impessoais); da feijoada, peixada e cozido – comidas rigorosamente intermediárias: *entre* o sólido e o líquido – no sistema culinário; da "sacanagem" (no sistema sexual).[24] Diante disto, tenho afirmado que, no caso do Brasil em particular e da América Latina em geral, não se pode restringir o *intermediário* (e o *ambíguo*) a um lugar negativo no sistema.

De um ponto de vista estritamente racional, percebemos que tudo está irremediavelmente fora de lugar. Mas se olharmos para as relações entre esses termos, então veremos que eles encobrem elos de amizade e são mais poderosos do que as "vãs ideologias". Deste ângulo, o mistério de dona Flor é certamente relevante, porquanto permite entender o papel da relação e a sua institucionalização como um valor no caso da sociedade brasileira. Uma leitura possível da narrativa de Jorge Amado seria pelo lado "racional"

---

[23] Neste contexto, vale lembrar o que escreveu Antonil em 1711: o Brasil é Inferno para os negros, Purgatório para os brancos e *Paraíso para os mulatos*.
[24] Pelo que sei, sou o único autor de uma análise preliminar da "sacanagem" como categoria sociológica (Cf. DaMatta, 1983a).

e "dualista", caso em que uma mulher teria que fazer uma escolha absoluta entre dois homens e dois estilos de vida marital, cada qual representando os dois polos clássicos do mundo burguês. Vadinho seria o seu lado tradicional e machista, Teodoro o seu lado moderno e igualitário. Mas se esse mesmo drama for lido *relacionalmente*, tudo muda. Podemos finalmente compreender dona Flor como uma figura que recusa o digladiar burguês que força uma hegemonia disciplinada de lógicas e de desejos. Dona Flor pode então emergir como a encarnação do conflito (tendo que escolher, *à la* Bovary e individualisticamente, entre um ou outro), ou como uma entidade sociológica muito mais rica e complexa: a encarnação da própria relação. Tal como ocorre com o *mulato*, com o *jeitinho*, com o *sabe com quem está falando?* e com as *razões de amizade* e de *família*, dona Flor diz que, no Brasil, a *relação* entre correntes formais antagônicas é possível. E mais: que o elo tem razões que o conflito desconhece. O mito, assim, apresenta sem máscaras, sem o fetichismo teórico que caracteriza nosso pensamento sobre nós mesmos, a possibilidade de englobamento pela relação e pelas forças em conflito.

Se admitirmos isto, então teremos que mudar sinais lógicos. Em vez de tomarmos o ambíguo, o transitório, o intermediário, o que coexiste e o que está misturado como necessariamente negativo, teremos que inverter nossos pressupostos analíticos, e nos tornar mais abertos para suas positividades. Dona Flor, como o chamado "realismo fantástico", revela um paradoxo dentro da lógica social do Ocidente. É que ela sugere ficar com os dois, escolhendo não escolher. Abre, pois, o caminho para uma outra *démarche* ainda mais fascinante em termos das sociologias que temos estudado e, queira Deus, aprendido, pois acena com a possibilidade de *legitimar* a *ambiguidade*. Esta ambiguidade à qual desde Lutero (e certamente já antes dele) o Ocidente tem recusado energia, força e brutalidade.

Finalmente, quero crer que no caso da América Latina, conforme afirmei no início, será preciso dizer menos dos elementos que constituem uma "tradição" e muito mais das "relações" *entre* esses elementos. Mas para realizar isso produtivamente, deveremos estar atentos para as relações como atores e englobadores de situações. Sem atentar para isso, continuaremos a praticar uma sociologia de interesses e de indivíduos quando de fato vivemos em sociedades nas quais tudo isso convive com compadres, parentes, amigos e jeitinhos.

Notre Dame, março de 1986,
fevereiro de 1988
Jardim Ubá, agosto de 1989,
janeiro de 1990 e agosto de 1992

6
Em torno da matriz cultural da inflação: notas sobre inflação, sociedade e cidadania

Dinheiro não traz felicidade.
(velho ditado brasileiro)

Até bem pouco tempo, a tendência era ver a inflação e a cidadania como coisas estanques. A visão tradicional dizia que a cidadania residia nas águas turvas da política, ao passo que a inflação era assunto de uma disciplina bem-comportada e constituída: a economia. Se diante do primeiro assunto todas as opiniões são possíveis e todos teriam algo a dizer, perante o segundo as coisas se transformam. Aqui, poucos entendem sequer a linguagem com a qual se define e se discute a questão. Do lado da cidadania, teríamos, na melhor das hipóteses, uma "arte". Perspectiva na qual a objetividade é nula e a subjetividade, valor dominante. Do lado da inflação, teríamos uma ciência. A comparação – como o Carnaval – tudo inverteria, pois na "ciência econômica" a subjetividade seria controlada ou nula e a objetividade dos "dados", sacralizada pelos números, seria dominante. Mas o que ocorre quando a necessidade de justiça cívica e gerenciamento público mais eficiente faz da cidadania um projeto político inadiável e os eventos econômicos – tanto mais contundentes quanto mais sua legitimidade pelos números e cifras os torna respeitáveis e acima de qualquer suspeita – irremediavelmente desmoralizam com ciência ou sem ideologia as possibilidades de vencer o crônico dragão inflacionário? De fato, a crise atual torna o paralelo entre cidadania (e todo o complexo ideológico e cultural que vem com ela) e inflação não só importante como fundamental, permitindo descobrir *à outrance* o caráter convencional das suas linguagens disciplinares, impotentes diante de um sistema social que parece resistir a tudo, menos à leviandade de sua classe política.

Assim, a crise hiperinflacionária primeiramente desmistifica a cacetadas a ciência econômica, tão impotente face ao doente quanto todos nós. Ao ponto de ela mesma reconhecer a necessidade de retomar posições mais inclusivas e com inegável vocação política para redescobrir que os remédios para a inflação passam por toda a estrutura social. Que mudança notável essa descoberta de que, afinal, a ciência econômica sozinha já não é mais capaz de realizar o milagre do desenvolvimento e a cura inflacionária! Mas a crise tem feito mais: ela assegura que cidadania e inflação estão profundamente irmanadas. Tanto nas suas ausências *milagrosas* na época da ditadura militar quanto nas suas incômodas e onipresentes presenças quando se deseja efetivamente inaugurar uma era de democracia no Brasil. Diante, portanto, do resgate da chamada "dívida social" e, sobretudo, para implantar a cidadania, seria válido criar estímulos inflacionários naquilo que seria uma redistribuição por inflação, conforme sugere Albert Hirschman no seu famoso artigo de 1981, quando discute a matriz social e política da inflação latino-americana (Cf. Hirschman, 1981: 187). Mas em meio ao risco de uma crise hiperinflacionária, a inflação e a cidadania teriam uma frustrante relação de simetria invertida: pois quanto mais abertura democrática, mais pressão de grupos com poder de barganha e, como disse Hirschman, de repassar custos conduzindo a uma "distribuição intersetorial de renda" potencialmente inflacionária. Junto com a abertura democrática, temos mais populismo, que deseja dar a todos sem tirar de ninguém, e, consequentemente, mais inflação e menos desenvolvimento. De tal modo que a cura da doença, percebida e diagnosticada como exclusivamente econômica, sugere a falência de um regime aberto ao conflito de interesses de classes entre nós. No fundo, descobrimos um tanto espantados que a inflação é realmente apenas uma das cabeças de um dragão da maldade que, tendo mais seis bocas e dentes, precisa ser visto em toda a sua complexidade. Enxergar, portanto, a inflação como parte de um processo maior e mais sistemático, prestando atenção aos seus aspectos sociológicos e simbólicos, é um desafio que o santo guerreiro em cada um de nós não pode desdenhar.[1]

Para o antropólogo social que tem lido a crise brasileira através de seus aspectos mais expressivos (ou simbólicos), sempre pareceu claro que o diagnóstico da crise não poderia ser feito pelo estudo de elementos isolados. Para ele, a crise teria que ser vista igualmente no seu plano cultural, o qual nos ensina a buscar as lógicas que presidem os estilos e as interpretações sociais. Ou, para ser mais preciso, a lógica das lógicas que dominam tais interpretações. Por isso, recuso ler as relações entre cidadania e inflação como esferas estanques e como casos patológicos. Como espécies de doenças que uma elite dotada de poderes clínicos teria a obriga-

---

[1] Vale a pena citar o senador e economista Roberto Campos, que, falando precisamente deste assunto, aponta os seguintes obstáculos à criação do que chama de "cultura anti-inflacionária": (a) sucessivos e arbitrários congelamentos –, ou seja, uma anormal interveniência do Estado no mercado, o que cria nos empresários a proteção de uma "remarcação progressiva", impedindo a queda dos preços; (b) o excessivo insulamento das medidas governamentais, que não são "percebidas pelo público como parte integrante e coordenada do esforço anti-inflacionário"; e (c) a própria Constituição de 1988. Quero simplesmente enfatizar como um economista ortodoxo se vê compelido a falar significamente de uma "cultura anti-inflacionária" (Cf. Campos, 1992).

ção e o direito de curar numa sala de operação imaculadamente limpa e naturalmente isolada do hospital (ou do hospício?). Não se lobotomiza a inflação sem antes psicanalisar a cidadania; ou seja: sem tentar compreender a nós mesmos e, sobretudo, como nós tentamos tradicionalmente nos compreender.

Se a crise brasileira tem algo de positivo, esse algo é a nossa falta de confiança em alguns remédios e médicos. Realmente, pode-se ler a crise brasileira atual como um sintoma do colapso de alguns dos nossos instrumentos de autocompreensão. Já se foi o tempo em que o chamado "problema social" era um caso de polícia. Já se foi também a época em que a questão deveria ser resolvida pelo bacharel que a enquadrava jurídica, administrativa e legalmente. Ou pela brutal repressão policial-militar. Hoje parece que não confiamos mais tanto nos diagnósticos dos tecnocratas que falam economês e passamos também a rejeitar como utópicos (ou simplesmente errôneos) os dos que pensavam que sabiam as "leis da história" e da "sociedade". Lida deste ângulo, a crise tem um saldo positivo que vale capitalizar. Navegando no seu bojo, aprendemos a desconfiar das soluções fáceis, pois descobrimos, entre tontos e decepcionados, que o Brasil não será salvo nem por um Super-Homem, nem por uma Superideologia ou por um Superplano.[2]

Adotando essa atitude, quem sabe não começaremos a considerar seriamente a possibilidade de que o Brasil só poderá ser salvo por nós mesmos como grupo e coletividade?

---

[2] Como no século XIX ele não foi salvo pelo "branqueamento" que purificaria as raças inferiores responsáveis por nossa então chamada "formação racial", considerada inferior. Como no passado recente ele não foi salvo do "imperialismo ianque" ou da "espoliação internacional". O paradigma de uma história tocada a um único motor: raça, luta de classes, imperialismo, capitalismo espoliador, ditadura militar etc. parece – eis uma das perplexidades – não convencer mais. A aceleração da comunicação em escala internacional acentua ainda mais que as receitas únicas, para bem ou mal, chegaram ao fim...

Neste sentido, o chamado "caso Zélia" (que implicou um muito falado escândalo pessoal e, significativamente, um menos comentado vazamento de informações no mercado internacional do café que teria permitido especulações lucrativas), o "caso da LBA" (implicando a primeira dama do país em compras de cestas superfaturadas e sem licitação no valor de 159 milhões de cruzeiros), o "caso Alceni" (que revelou a compra de bicicletas, mochilas, guarda-chuvas e filtros para combate à cólera no valor de um bilhão de cruzeiros), o "caso Magri" (o próprio ministro confessou ter recebido propina de trinta mil dólares para a liberação de verbas e proteção de grupos no Ministério da Ação Social), o "caso Fiúza"(que confessou ter recebido cem mil dólares da Febraban para sua campanha eleitoral e um jet-ski da OAS), o "caso PP" (do Pedro Paulo Leoni Ramos, em que se denunciava o controle de operações de compra e venda internacional de petróleo e fundos de pensões de estatais, cujo valor pode chegar a algo como seis bilhões de dólares por ano), e o de Paulo César Farias e do ex-presidente Collor, que movimentaram cerca de um bilhão de dólares[3] podem ser lidos como a gota-d'água – ou a enxurrada – que põe a nu um estilo tradicional de exercer o poder. Escândalos como esses revelam um estilo de governo no qual as normas burocráticas são personalisticamente distorcidas, reinventadas ou esquecidas

---

[3] Todos esses casos ocorreram entre março de 1991 e agosto de 1992. O jornalista Milton F. da Rocha Filho, responsável pela seção "Contato", do *Jornal da Tarde*, calculou, na edição de 18 de junho de 1992, 32 escândalos no governo do ex-presidente Fernando Collor. O que, em 24 meses de governo, daria uma média superior a 1,3 escândalo por mês ou um a cada seis dias. Os depósitos na conta de dona Rosane Collor, esposa do ex-presidente, chegam a quinhentos mil dólares entre novembro de 1990 e abril de 1992. Dona Ana Acioli, secretária do ex-presidente, recebeu 9,1 milhões de dólares. A soma de depósitos para pessoas no Brasil chega a mais de 26 milhões de dólares. Para um governo que prometeu estabilidade, instituição e austeridade pública, isso revela (no limite!) o nível de polarização e inconsistência entre "teoria" e "prática" a que podemos chegar no Brasil.

em benefício de algum grupo intimamente ligado aos que governam. Eles também falam da urgente necessidade de tratamento igualitário de todos perante as leis. O choque que todos sofremos com essas inacreditáveis falcatruas não diz respeito somente ao que foi descoberto, mas principalmente ao fato de que apenas o ex-ministro Antônio Rogério Magri (homem de origem sabidamente popular) responde a processo e Alceni Guerra se vê envolvido num inquérito policial por prevaricação. Em todos os outros escândalos, ocorreram apenas demissões de funcionários de segundo e terceiro escalões e a opinião pública já sabe que com o benefício do passar de um tempo que não é cívico, nem jurídico-político, nada vai acontecer. Como no jogo estrutural da inflação, eles vão *repassar* os seus custos morais e sociais para a sociedade e tudo voltará ao normal, "ficando por isso mesmo", como dizemos coloquialmente.

Mas eu dizia que por trás da crise econômica há uma crise dos paradigmas que orientam a nossa compreensão de nós mesmos. A grande descoberta é a de que, se o exercício da cidadania não é fácil, liquidar a inflação parece ser ainda mais difícil. O que imediatamente nos leva a tentar entender melhor o famoso fosso que nos separa dos "países adiantados" que tanto admiramos.

Creio que um ponto básico da visão tradicional do nosso proverbial "atraso econômico relativo", para usar uma expressão famosa de Alexander Gerschenkron, é que temos uma maior consciência do fosso do que de nós mesmos. E correndo atrás da imagem do que deveríamos ser (ou poderíamos ter sido), esquecemos de discutir os limites impostos pelo que somos: pelo nosso estilo costumeiro de realizar as coisas – esse estilo que molda até mesmo os nossos sonhos e projetos. Com isso, abandonamos a tentativa de vermos a nós mesmos como sistema, preferindo reiterar a leitura fragmentada de nossa sociedade como "folclore": um conjunto divertido de "casos" ou, o que é pior, de anedotas!⁴ Nisso está, talvez, a raiz da nossa simpatia pelos formalismos, sobretudo os jurídico-econômicos que, decretando aumentos ou congelando preços, pelo menos permitem criar uma fantasia de "normalidade" do sistema brasileiro.⁵ Mas temos um método nisso.

Albert Hirschman chama atenção para o fato de que, quando os países relativamente atrasados da Europa do século XIX quiseram modernizar-se, eles inventaram teorias radicais para corrigir seu subdesenvolvimento. Mas nós, da América Latina, tentamos diminuir o fosso com um foco quase exclusivamente político.⁶ Assim, se o século XIX europeu fez nascer um conjunto de diag-

---

⁴ Não posso, nos limites deste ensaio, explorar as implicações ideológicas (e políticas) dessa costumeira e insistente leitura do cenário político brasileiro, por nós mesmos, como anedota. Mas vale acentuar que assim fazendo construímos uma visão do universo político como sendo (a) essencialmente personalizado – um universo no qual os melhores personagens são moldados como "raposas políticas", ou *malandros* que sistematicamente burlam, no limite e na corda bamba, todas as éticas; (b) como uma esfera positivamente dominada por conciliadores imaginativos e adequados a uma sociedade onde as leis foram criadas para não serem mesmo seguidas; e (c) como um mundo sem possibilidade de mudança, ou história, *carnavalizado* que é pela esperteza cíclica que encobre os erros, gratifica as lealdades da *casa*, sugerindo que no fundo o sistema é imutável e que deve ser levado pelo riso. Neste sentido, não deve ser por mero acaso que uma coletânea intitulada *Folclore político brasileiro*, escrita por Sebastião Nery, tenha se tornado um bestseller.

⁵ Essa ânsia de "normalização" da chamada "realidade brasileira" fez com que aplicássemos ao Brasil todos os modelos sociológicos derivados da experiência europeia. Assim, o Brasil já passou por muitos modos de produção e diversos modelos de "lutas de classe", tal como já ingressou no concerto das nações capitalistas avançadas como grande potência em potencial. A vantagem da "normalização" é que ela garante segurança: quem foi feudal será capitalista e quem foi capitalista será socialista! Mas essa segurança substitui o conhecimento aberto e muito mais sábio de nós mesmos, uma modalidade de saber sempre incerta e indemonstrável, mas que se soma a uma tradição que pode ser vivida de modo mais ou menos iluminado, de modo mais ou menos honesto, de modo mais ou menos coerente. Queira Deus que estejamos finalmente entrando nesta fase.

⁶ Minha inspiração para esse ponto de vista se funda num artigo bastante conhecido de Albert Hirschman, "Ideologies of Economic Development in Latin America", in *Latin American Issues*, Ed. by Albert Hirschman, 1961, The Twenth Century Fund. Mas discordo dele quando vejo essa característica experimentação política como um

nósticos totalizantes e radicais da realidade social, o que se viu na América Latina foi uma errática experimentação com estruturas políticas. Sobretudo no plano de sua organização administrativa e legal, coisa que contava pouco em sociedades cuja população era constituída de uma avassaladora maioria de escravos e analfabetos. Deste modo, ao visionarmos o futuro, tomamos o plano do político como a esfera privilegiada da mudança, como o domínio que importa corrigir. Era como se preferíssemos mudar a frágil esfera pública para não mexermos na formidavelmente forte esfera da "casa" e dos laços de família.

Com isso, inventamos uma tradição política cujo ponto central tem sido um acentuado componente *mudancista*. Isto é, uma tradição caracterizada pela preferência por mudar superficial e institucionalmente na vã e messiânica esperança de corrigir o sistema de uma vez por todas. Perspectiva que num plano simbólico profundo nos remete à esperança de ainda estarmos englobados por uma temporalidade exclusivamente cíclica, na qual, de quando em quando, o tempo pode ser invertido, revertido ou efetivamente "zerado" a partir de um momento lido coletivamente como caótico, tal como ocorre no Carnaval.[7] Isso em contraste com uma temporalidade histórica moderna e linear (também presente entre nós): tempo se soma e se subtrai; rende juros, pois vale dinheiro,

---

mecanismo destinado a adiar ou até mesmo evitar a transformação social profunda. Assim, a visão intelectualista demasiado crítica e autoflageladora de que fala Hirschman seria funcional ou complementar a uma tendência inconsequente e impiedosa de mexer e remexer o plano político-institucional com os resultados que todos sabemos. Um outro ponto de discordância é que Hirschman acha que há uma mudança quando se passa da autoflagelação para o anti-imperialismo, enquanto eu vejo nas duas atitudes uma mesma estrutura: ambas acham em elementos incontroláveis (raça ou exploração imperialista) a raiz dos males latino-americanos.

[7] Para um aprofundamento destas questões com um olho nas implicações sociais e políticas, veja-se DaMatta, 1979. Para uma visão geral do processo, veja-se Mircea Eliade, 1991.

o qual, reificado e individualizado, paulatina e pragmaticamente, aperfeiçoa e transforma a sociedade. Isso tem nos levado a jogos absurdos, como o de preferir mudar as regras do jogo político, do sistema educacional, da economia ou até mesmo a constituição com a mesma facilidade com que planejamos ir ao teatro. De tal modo que, entre nós, é absurdamente mais fácil mudar a lei do que prender um amigo. Um dos resultados desta atitude é que por qualquer coisa achamos que nada pode dar certo. Paralelamente, o "mudancismo" cria uma enorme intolerância para com as crises. Deste modo, mudamos o regime em vez de fazer como se faz no resto do mundo: corrigir penosamente o que deu errado ou prender, seguindo a letra da lei, os ladrões dos bens públicos. Para nós, o "mudancismo" garante que é mais fácil mudar as regras do jogo do que as práticas sociais; e que é mais econômico liquidar a moeda do que efetivamente discutir o modo pelo qual nossa economia promove o descalabro de todas as leis da economia para manter uma elite vampiresca que suga intermitentemente o grosso e bom leite das tetas do Estado misturado ao sangue esquálido das massas.

Mas em vez de encarar nossa realidade com suas patentes limitações, preferimos imaginar utopicamente certos sistemas do que domesticar nossa visão do mundo, na qual o jogo duplo da "malandragem" é um valor (Cf. DaMatta, 1979; 1987; 1991).[8]

E como ninguém pode viver mudando todo o tempo, estamos pagando as consequências deste "mudancismo" irresponsável com uma crise de confiança que *inflaciona* ao limite todo o nosso sistema de valores. Tal como o velho malandro que decidiu ser honesto, mas só de malandragem, existem pessoas que "sabem" que

---

[8] Isso encontra ressonância na nossa teoria social nativa. Vale mencionar, por exemplo, que na elaboração de teorias europeias e norte-americanas sempre tendemos ao exagero e a uma "reificação" da mudança.

a melhor forma de manter o sistema intacto é falando em mudança. Esse é o paradoxo de uma sociedade que vive sob o signo do autocanibalismo, um sistema no qual a mudança não é feita para – após uma arrancada – promover uma coroada e repousante estabilidade, metaforizada aliás no ideal marxista de um "fim da história", mas de "medidas provisórias"[9] que, sucedendo-se em profusão, sistematicamente repassam os custos sociais para os outros: os que não têm "pai nem mãe", nem padrinhos ou relações com os donos do poder.

Uma outra característica é que, com o "mudancismo", mistificamos a modernidade. E supondo que o moderno é uma espécie de desejável elixir da juventude, queremos colocá-lo dentro de nós a todo custo, como se uma sociedade fosse tão vazia quanto um caixão. Entre nós, deste modo, a adoção de instituições sempre passa pelo encantamento da instauração, pelo entusiasmo dos primeiros momentos e pela terrível desilusão de sua rotinização: o momento em que o novo sistema é apropriado pelas velhas práticas sociais e, em vez de ser assim corrigido e modificado, fica imediatamente perdido numa mistura muito nossa de cinismo e desencanto. O "mudancismo", assim, em nome de uma modernidade idealizada e inatingível, ajuda a uma fuga de nós mesmos.

Mas qual é a base desta atitude "mudancista"? Como se pode interpretá-la sociologicamente?

A meu ver, o "mudancismo" é uma expressão do que chamei "dilema brasileiro". Um paradoxo centrado na conjunção de valores distintos, conforme tentei demonstrar nos livros *Carnavais, malandros e heróis* e *A casa & e a rua*. Neles, procuro revelar que o dilema brasileiro se resume no fato de termos um sistema igua-

---

[9] Eis uma notável figura jurídica que só poderia ter sido inventada no Brasil. Pois todos sabemos que é justamente com essas "medidas provisórias" que se mudam mais radicalmente as regras do jogo.

litário em nível de ideologia mas, sobretudo no que diz respeito à sua dimensão cívica mais explícita, acoplado a práticas e valores hierárquicos profundamente internalizados. Ou seja, adotamos e implementamos um sistema de governo fundado no Estado nacional moderno, liberal, individualista, universalista e igualitário; sem, entretanto, termos domesticado, ou sequer problematizado, os valores fundados no particularismo legitimado pelo holismo hierárquico que constitui o esqueleto do nosso sistema. O que parece ser singular entre nós não é a presença mútua de universalismo e particularismo, fenômeno de resto comum a todas as sociedades nacionais contemporâneas, mas suas presenças múltiplas e fortemente contextualizadas no nosso sistema. Assim, os dois operam simultaneamente no Brasil tendo, ao que tudo indica, a mesma importância ideológica e o mesmo peso político. Depois, porque eles variam, como disse, de acordo com o contexto ou a situação. Quando vou em busca de uma carteira de motorista ou de um telefone, sou particularista e tento, por meio do meu despachante, o "jeitinho". Faço o mesmo quando discuto com o guarda de trânsito, pois opto pelo "sabe com quem está falando?!". Mas quando se trata de comprar, vender, eleger ou ser eleito, sou universalista e demando leis e instituições confiáveis. É como se o universalismo moderno fosse demandado em público, mas o particularismo continuasse a funcionar nos planos pessoal e privado. Daí as nossas oscilações entre universalismo e particularismo, igualitarismo e hierarquia, individualismo e holismo, que parecem estar no centro dos paradoxos que enfrentamos.

Mas quais as consequências deste dilema para a cidadania e para a inflação? Como esse dilema se liga à nossa temática?

Conforme disse Max Weber, a modernidade e/ou o capitalismo significam o triunfo de certo tipo de racionalidade, que se funda não apenas no reconhecimento de certas tendências humanas (por exemplo, o desejo do lucro ou a motivação para o ganho), mas na institucionalização destas tendências num sistema explícito e coerente consigo mesmo. De uma perspectiva sociológica, creio que tal racionalidade se apoia em alguns pontos: (a) ela se institucionaliza em regras explícitas, em normas e instituições mais do que em pessoas; (b) essas normas são válidas para todos: são universais; (c) como num jogo de futebol, essas regras são a medida impessoal de todas as coisas e independem da vontade ou motivação dos indivíduos.[10] Ou seja, tais normas devem estar livres de aplicação contextualizada, devendo estar, conforme sublinhou Karl Polanyi, livres (desencaixadas ou "desembebidas") das relações sociais e desembocando na institucionalização de um mercado no qual elas se tornam autônomas e, por conseguinte, "autorreguláveis".

Em outras palavras, *todos* devem obedecer às leis do mercado, do trânsito e da civilidade. Nas sociedades modernas, obedecer a tais normas não é apenas dever do homem comum ou do joãoninguém, como acontece nas sociedades tradicionais. E mais: todos devem segui-las em todos os contextos e situações, no universo público e no mundo privado; na *casa* e na *rua*. A impessoalidade de tais regras, portanto, cria uma esfera pública neutra e divorciada de suas relações de equilíbrio compensador com a esfera privada. Deste modo, no campo da sociabilidade moderna, tanto o domínio privado quanto o público estão sujeitos a um mesmo conjunto de normas universais que os transcendem e os limitam de modo hegemônico e absoluto. É, a meu ver, precisamente

---

[10] No que o sociólogo Anthony Giddens chama, certamente inspirado em Polanyi, de "mecanismos de desencaixe" (ou "desembebimento"), o que conduz à autonomia e à compartimentalização de certas instituições sociais. Dentre as quais ele destaca um sistema de "peritos" e "fichas simbólicas". Tanto as fichas simbólicas quanto os peritos tiram sua legitimidade de uma universalização que lhes garante a "confiança". Um dos elementos mais importantes do conjunto de fichas simbólicas é, obviamente, o dinheiro (Cf. Giddens, 1990).

isso que distingue os sistemas consolidados pela modernidade de sistemas – como o brasileiro – que ainda oscilam entre duas éticas, pondo em oposição e conflito as regras da *casa* com as normas da *rua*.

Num sistema social assim constituído, surgem várias situações nas quais se verifica um divórcio entre os lados formal e informal do sistema. No plano da sociedade política, o sistema engendra as constituições (que seriam imutáveis e válidas para todos); no plano do regime de governo, ele promove uma divisão de poderes que se equilibram e se contrabalançam; no plano da sociedade civil, ele se funda no *cidadão* como um papel social dominante e o único realmente válido para propósitos de representatividade política. Assim, se nas sociedades dominadas pelo holismo hierárquico a participação política somente contempla os patriarcas, os patrões e os caudilhos, excluindo dela os homens solteiros e as mulheres, na sociedade moderna não é o fato de ser pai, irmão, filho ou compadre que confere cidadania. Não se trata de um conceito exclusivo de um grupo, classe ou segmento, mas de uma noção que inclui tanto homens quanto mulheres, tanto velhos quanto moços, tanto poderosos quanto destituídos.

O que me parece notável no caso brasileiro é que o papel social de cidadão tem uma vigência contextual basicamente negativa e profundamente relativa. Se ele de fato existe e pode ser valorizado na letra impessoal e universal da lei e do discurso político mais acadêmico (ou eleitoreiro) – naquele plano um tanto desinvestido de interesse que chamamos de "teórico" –, não tem o mesmo valor na dimensão plena de investimentos políticos, sociais e, sobretudo, emocionais, da chamada *prática social*. Se temos orgulho da cidadania no contexto de uma reunião pública, isso não é verdade quando somos abordados na rua por um guarda de trânsito, quando desejamos tirar uma carteira ou, pior ainda, quando temos "um problema" com o imposto de renda. Nestes contextos, a desvalorização do papel de cidadão nos faz ficar mofando numa fila para em seguida sermos tratados com visível descaso e falta de profissionalismo por algum funcionário que discute mecânica e desinteressadamente o nosso caso. A impressão que temos é de que o Estado deseja sempre nos punir, humilhar ou, o que é pior, nos assaltar.[11] Sabendo disso, evitamos esse papel universal quando vamos a certos lugares, procurando nos apresentar não como o "cidadão fulano" que tem certos direitos impessoais, desinvestidos (e universais) relativamente a tal ou qual coisa ou assunto, mas como *primo*, *amigo*, *compadre* ou *irmão* – esses papéis que conferem direito imediato à visada personalizada, localizada e particularista do *nosso caso* e da *nossa pessoa*, o que garante acesso à "consideração", ao "empenho", ao "pistolão", ao "favor" e ao "jeitinho" (Cf. Barbosa, 1992).

Todas essas práticas configuram um sistema no qual o universalismo burguês, igualitário e individualista, convive de modo equilibrado (daí o *dilema*) com um sistema de relações pessoais relacional que é o seu *paralelo* e o seu avesso.

Deste modo, e para falar com mais economia, o papel social de cidadão é a *moeda cívica* corrente e oficial do sistema, mas todos sabemos que essa moeda perde valor quando o número de cida-

---

[11] É certamente essa experiência com um Estado incoerente e inconfiável que permite entender em profundidade a "ética da corrupção" brasileira expressa por Antônio Rogério Magri, quando ele diz: "Eu não vou meter a mão numa cumbuca que não tem segurança. Agora que eu comecei a me enfronhar bem na coisa... É por norma. A lei diz que tem que ser feita primeiro a contabilidade da empresa. Eu vou te dizer uma coisa: não vou fechar a boca. Se eu não tivesse aqui dentro, nos meus olhos, rios de dinheiro e o caralho, e eu fodido, ganhando 890 paus por mês, numa bruta confusão, e tomando um tarugo no rabo desse tamanho." Finalmente, a síntese: "Nós não vamos roubar, nós dois, que não é do nosso princípio roubar. Vamos fazer as coisas direito e nós vamos ganhar dinheiro. Fazer as coisas direito e ganhar dinheiro. Porque essa oportunidade nós não vamos ter mais na vida. Eu sou ministro..." Ou seja, é ético e racional usar em benefício próprio esse sistema que opera sem recompensar o mérito ou a honestidade. [Para a transcrição do diálogo entre Magri e Volnei Ávila, usei a revista *Veja*, edição 1225, ano 25, nº11, de 11 de março de 1992, pp. 20-22.]

dãos se amplia e a cidadania passa a ser um direito de todos. A extensão da cidadania como valor universal faz com que ela imediatamente se transforme num papel social inflacionado. Realmente, imaginada num meio hierarquizado que acha que pode implantá-la pela dura letra da lei e que frequentemente subestima a dificuldade de sua implementação concreta em práticas sociais e valores cotidianos, a cidadania tende a ser sempre constituída de modo inflacionado, o que conduz a uma impossibilidade do próprio Estado em fazer face a essas novas demandas plenamente.

Passando de um polo no qual as pessoas não têm direitos enquanto indivíduos, para um outro no qual, como *cidadãos*, devem ter todos os direitos, leva o Estado àquela desculpa corriqueira segundo a qual ele – por mil e uma excelentes razões – não pode (por falta de recursos) atender a todos! Diante disto, o papel se desvaloriza e, assim inflacionado, deixa de ter *poder aquisitivo* jurídico, político e social. O resultado é que, em muitas situações concretas, ninguém deseja ser cidadão no Brasil. Por causa disso, quando vivemos circunstâncias de anonimato e impessoalidade, sempre tentamos usar outros papéis sociais – ou outras *moedas sociais* mais valorizadas e com maior poder aquisitivo – a fim de obtermos o que queremos. Digamos que tenho que prestar um concurso público no qual meu mérito será impessoalmente medido em comparação (e competição) com outros candidatos, contexto em que serei julgado exclusivamente como cidadão. Isso não teria o menor problema e não causaria a menor preocupação se eu não vivesse num sistema no qual o aspecto holístico e as práticas relacionais baseadas no parentesco fossem tão importantes. Por causa dessa vigência de uma ética dupla, fico preocupado, pois logo desconfio (ou fico sabendo) que meu concurso será feito com cartas marcadas, já se conhecendo de antemão quem serão os aprovados. Ora, é precisamente por causa disso que sempre tentamos recusar o tratamento impessoal e as situações de anonimato como "desconsideração", "desatenção", "descaso" e "desprestígio". Se quisermos falar, como E. P. Thompson, em termos de uma "economia moral", dir-se-ia que vivemos as situações impessoais como desvalorizações.[12]

De modo a clarificar um pouco mais o nosso pensamento, vale raciocinar ao contrário e – seguindo uma excelente ideia de Roque Laraia (Cf. Laraia, 1992) – imaginar como todas essas tensões e expectativas negativas, fundadoras desta "ética da malandragem" que tipifica a corrupção à brasileira e a "lei de Gérson", se evaporariam se vivêssemos num sistema exclusiva e legitimamente dominado pelas relações pessoais e governado pelo parentesco. Um sistema no qual o clientelismo e o nepotismo seriam valores legítimos, como ocorre no caso das sociedades tribais. Nestas sociedades, o correto, como lembra Laraia, seria a *obrigação* aberta de nomear, indicar ou dar para filho, sobrinho, neto ou irmão, em detrimento do estranho (daquele que, na sociedade brasileira, representa o "cidadão"), que, naquele contexto social, nada pode demandar. É justamente a adoção do igualitarismo num meio relacional que fabrica essa incoerência capaz de provocar tanto mal-estar entre nós.

Como se o igualitarismo que sustenta a meritocracia como valor, a isonomia como princípio político e a competição como estilo de preenchimento de funções fosse negativo. Porque na medida em que são desvalorizados pelas práticas relacionais, eles estariam inflacionando o sistema. Mas se me apresento como irmão do presidente, tudo muda de figura. Utilizando-me, pois, deste papel que

---

[12] Dir-se-ia, seguindo-se essa pista, que o nosso execrável comportamento em público, ocupando mais espaço do que temos direito, contando anedotas agressivas ou imorais para que todos ouçam, ou simplesmente falando alto e gritando para os nossos amigos, seria um modo de reverter tais situações, de modo a *personalizar* e *hierarquizar* o contexto público impessoal no qual temos que ser tratados como iguais.

é exclusivo, particularista, contextual e singular, introduzo no sistema uma *moeda social paralela* ("moeda" válida para aquele momento e lugar), corrigindo o curso dos acontecimentos e criando uma imediata valorização da minha pessoa.

O resultado desta prática é um sistema de *moedas paralelas* (com valores muito diferenciados) que me parece estruturalmente muito semelhante ao que ocorre no quadro inflacionário latino-americano, tal como foi estudado por Hirschman. Lembro que, nesse trabalho, Hirschman revela que a inflação decorreria do modo pelo qual o governo usa de modo sistemático e legitimamente expedientes para dar incentivos a certos setores para produzirem bens que naquele momento são considerados básicos para todo o sistema, em detrimento de outros setores que simplesmente esperam sua vez. Tal setorialização tipifica o processo de "desenvolvimento" latino-americano, no qual produtos primários, como o café, foram protelados em favor de uma indústria nascente. Outro modo inflacionário de produzir crescimento econômico seria prover alguns setores de investimentos subsidiados pelo Estado acima do nível de poupança, ou promover uma distribuição intersetorial de renda através do poder de barganha de certos grupos relativamente ao Estado (Cf. Hirschman, 1981: Cap. 8). Em todos esses mecanismos, tem-se o Estado repassando recursos e custos de um setor para outro dentro da sociedade. No uso desses mecanismos, certos elementos da racionalidade econômica são substituídos pelo que Karl Polanyi chamou de "uma superabundante motivação não econômica", que engloba e reprime o mercado, criando uma estrutura sustentada por meio "de uma grande variedade de motivações individuais, disciplinadas por princípios gerais de comportamento. Entre essas motivações, o lucro não ocupava lugar proeminente. Os costumes e a lei, a magia e a religião cooperavam para induzir o indivíduo a cumprir regras de comportamento, as quais, eventualmente, garantiam o funcionamento do sistema econômico" (Cf. Polanyi, 1980: 69).

No caso brasileiro, assim, a inflação teria como elemento básico um "governo central" ou "federal" que atua como administrador geral da economia e também como gestor de sua renda, *equilibrando* e *redistribuindo* o que é produzido, de modo a *compensar* os que não têm ou têm de menos. Tal papel é legitimado por uma *moralidade compensatória* que permeia o sistema social brasileiro. Daí o contraste simbólico, hoje polêmico, entre São Paulo (como a real locomotiva econômica do Brasil, mas com uma sub-representatividade política) e o Nordeste (como um conjunto de vagões vazios, mas super-representados politicamente). É claro que, neste sistema, a ideia de mercado autorregulável, de lucro e de interesses políticos a eles associados está, como diz Polanyi, *embebida* e englobada por uma série de comportamentos políticos e axiomas morais. Aqui o político engloba o econômico, na modalidade de um *capitalismo autoritário*, conforme demonstrou Otávio Guilherme Velho no curso de um livro importante (Cf. Velho, 1976).

Tal como ocorre no plano da economia, em que certos grupos são privilegiados como alvos de investimento pelo Estado em detrimento de outros, no nível da sociedade uma pessoa também pode invocar uma relação especial com algum membro do poder e, assim fazendo, ignorar, passar por cima ou por baixo de alguma lei que deveria valer para todos. Tanto no caso do Estado quanto no das pessoas, estamos diante de uma mesma lógica. Uma lógica que diz respeito à possibilidade estrutural da implementação do destaque, da prioridade ou do privilégio para alguém dentro do sistema. Deste modo, tanto no caso dos grupos econômicos que se associam ao Estado e dele ganham incentivos e inflacionam a economia quanto no caso pessoal de um "ninguém" que pelo parentesco se transforma em "alguém", está em operação a mesma lógica. A lógica do repasse dos privilégios de alguns que se transformam em custos para todos (ou para a totalidade) na forma de gastos adicionais feitos na medida exata do privilégio concedido em situações particulares, nas quais o sistema de normas impessoais esteve a serviço de uma relação social e de um certo conjunto de expectativas morais adotadas pelo sistema. Ou, para falar como Polanyi, quando o sistema de mercado novamente *embebeu-se* nos valores sociais, sendo por eles englobado.[13]

Em sistemas possuídos por essa sócio-lógica, o que seria realmente crônico? Uma inflação conscientemente provocada, ou a prática social fundada em duas lógicas que ninguém leva a sério?

Por outro lado, quando se introduz no plano universalista da cidadania uma relação específica – mostrando, por exemplo, que eu não sou um "simples cidadão", mas sou, realmente, "irmão do ministro!" –, eu repasso o custo social de alguma coisa assim obtida (digamos: um telefone, um certo período de tempo, um cargo público, um empréstimo bancário etc.) para uma outra pessoa que não vai poder ter essas coisas, ou vai esperar por elas por muito mais tempo do que eu.

Em sistemas assim estruturados, há também clara aversão a desenvolver o que Albert O. Hirschman (1981) chama de *"propensity to defer"* (propensão ao acatamento) das regras. No caso específico do trabalho de Hirschman, as regras do sistema econômico que muitos governantes latino-americanos jamais acataram

---

[13] O que mostra que as "grandes transformações" não seriam, como quer Polanyi, lineares, podendo ser movimentos no sentido de um maior ou menor "desembebimento" ou "desembutimento" do mercado pelas relações sociais e valores morais ou vice-versa. Assim, sistemas sociais como o do Brasil seriam não apenas "atrasados" ou "retardatários", mas resistentes a um processo que, no limite, conduz a uma total despersonalização do homem, como nos ensina Polanyi e a experiência com o neoliberalismo em sociedades cujos valores são relacionais.

e que usam para delas tirar dividendos políticos.[14] Ora, essa "propensão ao acatamento", que Hirschman observa como estando ausente do nosso cenário, é o centro mesmo de uma verdadeira reação ao *universalismo* que tenta unir a tudo e a todos pela moeda corrente e exclusiva da igualdade e da cidadania, num sistema de mercado autorregulável e que, em consequência, conduz à segmentação do sistema.[15]

Mas, se o sistema opera por meio de regras simultâneas cujos valores são diferenciados e contextuais, como se pode pretender que seus grupos acatem as chamadas "leis da economia", sobretudo quando se sabe que elas estão sujeitas a uma multidão de interferências internas, através de um Estado onipotente? E de injunções exercidas por meio de órgãos reguladores internacionais, como o FMI, num jogo em que esses grupos não sentem os efeitos diretos e, ainda, em que elas podem obstaculizar projetos políticos importantes para sua manutenção no poder. A consequência da combinação de todos esses fatores é um corriqueiro apelo a um

---

[14] Hirschman cita uma carta de Perón a Carlos Ibáñez, presidente do Chile, que é um primor deste descaso de resto tão familiar a todos nós e que – esse é meu ponto – não ocorre apenas no mundo econômico, mas em todo o sistema e por isso pode ser tão frequentemente aplicado à esfera econômica. Nesta carta, diz Perón: "Meu caro amigo: Dê ao povo, especialmente aos trabalhadores, tudo o que for possível. Quando lhe parecer que está dando muito, dê ainda mais. Você verá os resultados. Todos irão tentar apavorá-lo com o espectro de um colapso econômico, mas tudo isso é uma mentira. Não há nada mais elástico do que a economia que todos temem tanto porque ninguém a entende" (Cf. Hirschman, 1981: 102). Diante de tanta lucidez cínica, não seria um exagero invocar as relações de Sarney com Funaro, sobretudo quando se lembra que o descongelamento foi feito depois das eleições; e da ex-ministra da Economia, Zélia Cardoso de Melo, com o ex-presidente Fernando Collor, quando ele triunfalmente assume a posse de um governo que liquidaria a inflação com um só tiro.

[15] Uma outra teoria econômica que contempla a inflação como resultado de segmentação tem sido desenvolvida por Edward J. Amadeo. Nela, o ponto de partida é a desvalorização do mercado, quando certos setores são protegidos contra a competição externa ou interna e certos setores organizados do mercado de trabalho têm privilégios e maior poder de barganha junto ao Estado. Isso cria uma matriz social em que fatalmente se repassam custos para outros setores, gerando inflação (Cf. Amadeo, 1991).

banco do Estado, que jamais pode ser independente da teia dominante de elos sociais e no qual, claro está, temos gerentes e autoridades nomeadas por nós e que são, acima de tudo, nossos amigos...

Como pretender, portanto, num sistema assim constituído, que no confronto entre pessoas, situações e regras universais o universalismo prevaleça?

Minha hipótese é que o comportamento inflacionário não é economicamente específico, mas segue um padrão cultural bem estruturado e estabelecido. No fundo, a inflação não seria crônica, mas – nos termos desse sistema – erradicável. No fundo, ela seria mais uma expressão desta verdadeira multidão de particularismos no plano social que se refletem diretamente na esfera econômica, ou melhor, no plano de uma verdadeira economia moral ou política.

É precisamente o fosso entre essas racionalidades que organiza um conjunto de atitudes muito conhecidas. Podemos terminar arrolando sumariamente algumas dessas atitudes para revelar como elas fazem ressurgir, no âmbito do mercado, um conjunto de atitudes e de práticas que são plenamente coerentes com um sistema que de certo modo se recusa – para o bem ou para o mal – a tomar o universalismo como valor dominante. Com isso, mostraremos como o nosso comportamento social mais corriqueiro e inocente é propício a vários fenômenos que caracterizam um amplo cenário cultural que transcende a inflação, lida meramente como fenômeno econômico.

Que atitudes são essas?

A primeira diz respeito a uma enorme desconfiança de sistemas universais governados por regras únicas e que valem para todos. No fundo, trata-se da aplicação do princípio da reciprocidade, o qual garante que eu, como *pessoa*, seja único, diferente e, por isso mesmo, *equivalente* e *complementar* a todos os homens. Isso conduz a uma visão segmentada da autoridade, com a vigência da ideia de que se a autoridade aqui é você, lá sou eu. No fundo, trata-se de uma moralidade personalizada e substantiva que corrói a diferenciação das funções, postulando uma *equivalência moral* de todos com todos. Isso se reflete claramente no plano econômico, quando se acredita que *meu dinheiro* (que é um meio de chegar a certos fins, no caso, as trocas) deve valer mais do que o seu.[16] E, de fato, estão aí os escândalos das "concorrências públicas" de cartas marcadas a revelar como o dinheiro dos amigos das autoridades públicas é melhor (e *muito mais caro*) do que o dinheiro dos outros. Assim, jogamos inflacionariamente "com dois pesos e duas medidas", repassando os lucros para os amigos e os gastos para a sociedade ou para o governo. Mas sempre distinguindo entre vários dinheiros. Deste modo, subvertendo as suposições de Georg Simmel (1990), *reencaixamos* o dinheiro no seio dos valores sociais, fazendo com que ele deixe de ser um meio impessoal de troca para servir como símbolo de elos pessoais concretos. Pela mesma lógica, também relativizamos a noção crítica do dinheiro como fiador do crédito, o que impersonaliza os débitos

---

[16] Efetivamente falamos, em certas situações, que o dinheiro do nosso amigo – de quem, por exemplo, queremos pagar a conta do restaurante – não deve ser aceito porque "não vale nada!". A troca de gentilezas e – no limite do honesto mas dentro da lógica do sistema – a prática da *corrupção* (que seria o mero uso da amizade para distorcer o valor igualitário do dinheiro), exprimindo a reciprocidade, revela como a ideia de mercado, lucro e dinheiro pode ser englobada pelas relações sociais. O mesmo ocorre, conforme já sugeri em outro lugar (Cf. DaMatta, 1979: Cap. V), com o hábito da barganha (ou "pechincha"), em que o sistema de propostas e contrapropostas, dentro de um quadro onde os preços são elásticos e indefinidos, conduzem a um *embebimento* da troca econômica pura – impessoal e distante – em algo personalizado e amigável, transformando comprador e vendedor em "amigos" e liquidando o anonimato da troca econômica pura, englobada somente pelo desejo do lucro. Ora, tudo isso faz com que o dinheiro deixe de ser, pelo menos nestes contextos, a "prostituta universal" (ou a "pura mercadoria") de Marx para transformar-se num símbolo das relações pessoais. Assim, num sistema marcado pelo clientelismo como o brasileiro, ter dinheiro (e sobretudo enriquecer rapidamente) é a expressão mais acabada de que se é "amigo do Homem". A realidade está aí como prova da força desta sugestão.

(e as trocas), fazendo com que o Estado seja o regulador de todas as transações comerciais feitas no âmbito da sociedade, conforme indicaram J. M. Keynes e Leon Walras.[17]

A segunda atitude sugere que a experiência inflacionária recria a "normalidade" de um sistema segmentado na área econômica, opondo muitas esferas de troca, de moedas e de valores. Nem tudo pode ser reduzido a dinheiro, que, em sistemas assim constituídos, "não compra a felicidade", nem consegue obter certos privilégios que só o nome de família, a rede de relações pessoais ou o berço podem trazer. Favor se paga com favor, consideração com consideração, amizade com amizade. A vida social tem muitas esferas de troca e cada uma tem sua moeda. O favor, a consideração e o empenho são as moedas da amizade e das relações pessoais. Seus ciclos são longos, mas há medidas e trocas muito precisas feitas ao longo dessas escalas. O dinheiro seria apenas mais uma medida de troca entre muitas outras. Neste sistema, portanto, ele não teria o valor absoluto que o sacraliza nas sociedades dominantemente capitalistas.

No sistema brasileiro, ao contrário do que supunha Lenin, a desmoralização da moeda não faz a derrubada do regime, porque a sociedade tem outras moedas capazes de atenuar, compensar e tornar formidavelmente elásticas as perdas financeiras. A lógica da troca de cargos, de acordo com esse tradicional código do *dar-para-receber*, que institui a corrupção, é muito mais segura do que os esquemas montados para obter lucro financeiro rápido por meios impessoais. É pelo menos isso que os velhos políticos ensinam aos jovens turcos que entraram no governo Collor para mudar o Brasil e também – já que ninguém é de ferro e pelo que se lê nos jornais – para enriquecer. O uso dos recursos do Estado,

---

[17] Cf. Giddens, 1990: Introdução.

junto a propostas partidárias, definições ideológicas e, claro está, às velhas preferências, como compadrio político, aciona a *moeda do favor* (ou o *favor como moeda*), que em muitos contextos parece muito mais segura do que o dólar norte-americano ou o franco suíço, moedas de real valor universal, mas sujeitas às chuvas e trovoadas de um conjunto de mecanismos particularistas que as desvalorizam no jogo político-econômico com o qual se faz e desfaz nossa realidade social. No Brasil atual, a crise vai permitindo desvendar a ética do uso e do abuso do Estado pelo fisiologismo político.

O terceiro ponto é que, com a inflação, recriamos uma confortável e familiar hierarquia antimercado, que restabelece a lógica das esferas de troca e das múltiplas unidades monetárias.[18] Deste modo, da moeda estrangeira à nacional, da nacional aos diversos índices monetários,[19] verificamos que todos podem ser referidos a um conjunto complexo de equivalências medidas pelos favores, empenhos, pistolões, jeitinhos e considerações englobados nas relações sociais.

Finalmente, como quarta atitude, diríamos que a inflação também revela uma certa recusa em controlar o Estado e os gastos públicos, forma, aliás, que corresponde ao modo tradicional de exercer poder no Brasil. Sem o clientelismo vital exercido por meio dos cofres públicos, como seria o ato de governar no Brasil? E com uma moeda estável, universal, transparente e desejada por todos, como ficaria o velho Estado clientelístico que se aproveita das leis que ninguém lê e entende para realizar impune as suas infiscalizáveis benesses?

---

[18] É certamente isso que faz com que seja corriqueiro no Brasil ficar devendo (ou ser dispensado de pagar) até 25 centavos de dólar quando se faz uma transação econômica, na qual a simpatia da pessoa desempenhou um papel importante.

[19] Quando escrevi este ensaio, vigoravam no Brasil nada menos que dez indexadores financeiros.

Tudo isso aponta para uma percepção da inflação como um fenômeno cuja base social tem relação estrutural com essas múltiplas moedas. Cada qual com uma função, cada qual servindo para algum propósito, cada qual tendo algum valor. Com isso, o sistema como que corrói o valor de qualquer moeda universal, embora a sociedade preserve os elos fundamentais entre trabalho e dinheiro e, naturalmente, entre tempo e dinheiro. Ou seja: apesar de tudo, continuamos num sistema cuja cosmologia pode ser traduzida em termos de dinheiro e mercado, embora esses fatores engendrem insegurança e desconfiança no sistema econômico. Destrói-se a possibilidade de reificação (Cf. Simmel, 1990) dominante pelo dinheiro, um dos elementos básicos da cultura do capitalismo.

É claro que queremos ter dinheiro, mas podemos compensar sua ausência com a presença plena de valor dos amigos, da saúde, da "educação" e, acima de tudo, da "felicidade". Tal incapacidade de ver o dinheiro – e sobretudo a *posse* de dinheiro – como uma atividade positiva, como uma medida hegemônica de competência e de sucesso, como o alvo de todas as coisas, cria zonas de tolerância e de compensação social que parecem importantes no caso do Brasil (e naturalmente de outras economias inflacionárias). Zonas caracterizadas não pela competição entre as várias formas de dinheiro consigo mesmo (dinheiro como juro e como capital, dinheiro como meio de troca e meio de vida, dinheiro como objeto e dinheiro como valor supremo etc.), mas do dinheiro com outras dimensões da vida social.

Creio que é refletindo sobre esses pontos que efetivamente podemos entender a lógica e a profunda verdade de dois velhos ditados brasileiros. O que diz que "merda é dinheiro" e o que fala gentil e talvez mentirosamente que "dinheiro não traz felicidade" e "não vale nada". Tais ditos revelam uma desconfiança paradoxal em relação ao dinheiro. E mostram a enorme dificuldade para implementar a ética da possibilidade de vencer na vida pelo trabalho livre e honesto porque o dinheiro, tendo essa elasticidade, transforma-se numa verdadeira obra do diabo. Hoje vale muito, amanhã, nada. Poupar e racionalizar o cotidiano e os gastos, exercer o ascetismo laico weberiano não só é difícil, mas torna-se absolutamente impossível num sistema no qual muitos princípios se derrotam e se subtraem. Deste modo, em vez de se tomar a inflação como doença, faz-se imediatamente sua articulação aberta com um hedonismo que estimula o gasto de dinheiro com o jogo de azar e o lazer.

O dinheiro passa a ser um objeto diabólico que deve ser posto no seu devido lugar: ele, paradoxalmente, vale tudo e "não vale nada". É algo a ser gasto imediatamente e contra o qual devemos nos proteger (Cf. Taussig, 1983). O sistema alimenta uma desconfiança em relação ao dinheiro que está de acordo com as suas crenças mais tradicionais e, com isso, recria seus eixos hierárquicos compensatórios. Num outro nível, portanto, a inflação confirma que o dinheiro efetivamente não vale realmente nada e não deve merecer muita atenção. Ela serve, neste plano simbólico fundamental, para relativizar a moeda, confirmar a virtude da pobreza, fazer com que os laços pessoais sejam sempre celebrados e, com isso, resistir a todos os incentivos do capitalismo que se atualiza através de um modelo político que, pregando a igualdade de todos, mas mantendo os velhos privilégios através das velhas alianças dos ricos com o Estado, é percebido por todos, inclusive pelos "pobres", como radicalmente desonesto.[20]

---

[20] Num artigo intitulado "Dinheiro na mão é vendaval", meu colega Rubem César Fernandes toca à sua maneira em muitos desses pontos, revelando como a perspectiva antropológica tem de fato a "objetividade" de guiar as nossas mãos (Cf. Fernandes, 1992). Leia-se também a entrevista dada às páginas amarelas da revista *Veja* (edição 1241, de 10 de julho de 1992) pelo economista Eduardo Gianetti da Fonseca, em que muitos desses pontos são igualmente discutidos. No fundo, o que se tenta revelar

Finalmente, cabe dizer que a inflação confirma a descrença na falta de medida e sustenta e amplia um tradicional sentimento de ausência de limites. Se não tenho essa moeda, vou usar outra. Não tendo aquela outra, tento mais uma, e assim sucessivamente até chegar à *moeda corrente* da *violência física* e da *força bruta*. Essa moeda que, junto com as outras, também está inflacionando nossa experiência urbana, já que tem introduzido mais um meio de troca e exigido uma melhor consideração da questão relacionada ao nosso tipo de inflação. Uma inflação diante da qual os que não têm carteira assinada, sindicato, emprego, partido, corporação ou nome de família continuam pagando por tudo. Uma inflação e um sistema em que, como sabemos, os mais poderosos sempre têm mais "dinheiros" e mais acesso a todas as moedas. Neste tipo de inflação, portanto, fica confirmado que o poder fica bem longe do homem comum, e muito perto de quem tem a possibilidade de utilizar muitos códigos e muitas regras.

A meu ver, seriam estes aspectos que uma sociologia da inflação deveria explorar.

Outubro-novembro de 1991
Abril-maio de 1992
Notre Dame, Jardim Ubá e São Paulo

é como a inflação decorre de mecanismos particularistas que, impedindo a universalidade do mercado, resulta em situações de mais inflação e mais desconfiança do mercado e do universalismo burguês.

7
Os discursos da violência no Brasil

O tema é vasto e certamente amedrontador para o cientista social preocupado com sua responsabilidade pública num cenário político demasiadamente afinado com posturas normativas. De fato, basta refletir um pouco sobre a violência para se chegar a conclusões devastadoras para sua abordagem sociológica. Pois, refletindo sobre ela, não descobrimos sua bem cimentada união com a norma estabelecida? Realmente, em quase todas as mitologias, o ato instaurador e fora do comum é uma ação violenta que desenha na sua transgressão insólita as grandes transformações. Assim, não seria igualmente violento o processo de fixar um universo de normas aceitas como sagradas, deixando de lado tudo aquilo que elas eliminam como o que "não deve ser feito"?

Confesso que essas questões me perturbam porque situam a violência como parte da condição humana e da própria vida em sociedade. Mas penso que elas são indispensáveis para a realização de uma "antropologia da violência". Uma antropologia cujo objetivo seria o de investigar a violência como fenômeno social para, em seguida, tentar discutir sua manifestação em sistemas sociais específicos. Uma antropologia cuja postura seria a de compreender a "violência" nos seus aspectos universais e nas suas encarnações locais, muito consciente de que é precisamente essa relação entre o universal e o particular que importa conhecer.

No caso brasileiro, isso pode ser um avanço, pois o estudo da violência, do crime e até mesmo da ordem política é sempre realizado por meio de lentes normativas. Quando falamos destes temas, sempre produzimos um discurso organicista e formalizante que frequentemente só admite o contra ou o a favor (ou o legal ou o ilegal), rejeitando qualquer atitude que primeiramente questione a natureza do fenômeno em suas linhas mais gerais, como ensina a postura comparativa dos estudos sociais.[1] Assim, vale lembrar um pioneiro destes estudos, Émile Durkheim, que em 1897, ao realizar pela primeira vez uma "sociologia do suicídio", advertia: "(quem) se deixa conduzir pela acepção recebida corre o risco de distinguir o que deve ser confundido ou de confundir o que deve ser distinguido" (Cf. Durkheim, 1973: 467). Ou seja, o primeiro passo para estudar fenômenos como a violência, a sexualidade, o tabu ou o pecado é vencer as resistências de uma moralidade cujo objetivo é impedir que se fale desses assuntos sem tomar partido. Realmente, a obediência a esse princípio ético-cultural é tão cega que a investigação sociológica às vezes se confunde com fuga. Nada, entretanto, está mais longe da verdade. Basta lembrar que quando Durkheim discutiu o crime, em pleno contexto da sociedade francesa do final do século XIX, foi impiedosamente acusado de estar perdoando e justificando a criminalidade. Sua inovadora

---

[1] Num certo sentido, dir-se-ia que a postura analítica é muito difícil porque a leitura da sociedade oscila sempre entre a visão utópica (quando tudo vai dar certo) e a visão catastrófica, na qual tudo está "doente" e submerso numa gigantesca crise que deve ser debelada ou extirpada. O que, em qualquer caso, obviamente conduz e legitima o uso de medidas drásticas, sempre normativas e "normalizadoras". É como se justificam, conforme ensina num estudo penetrante Guillermo O'Donnell (1986: Cap. 2), os golpes de Estado na América Latina. Descobrir a razão cultural desta leitura idealizada e tão pouco tolerante a crises e conflitos é, parece-me, um tema importante nas interpretações do Brasil e das sociedades latino-americanas.

atitude sociológica, admitindo que o crime, embora repugnante, era útil para a sociedade, foi confundida com um discurso neutro, favorável à criminalidade. Conforme o próprio Durkheim esclarece no seu *As regras do método sociológico* (de 1895), o que causava estranheza não era bem o crime, mas sua atitude diante dele.

A atitude de Durkheim caracteriza-se pelo abandono da pesquisa histórica das origens e pela introdução de um enfoque relacional na investigação sociológica. Em vez de perguntar onde (e como) ocorreu uma "violência original" e prototípica, quer-se discutir a relação entre o crime e a norma, o conflito e a solidariedade, a ordem e a desordem, a violência e o ato social rotineiro.

Desta perspectiva, a sociedade se reflete e se concretiza em todas as suas manifestações, encarnando-se tanto na polícia quanto no criminoso; tanto na norma que diz "não pode" quanto na antinorma que diz "eu quero". Violência e concórdia não seriam simplesmente etapas historicamente criadas pela institucionalização da propriedade privada, do individualismo utilitarista e do livre comércio, mas sobretudo modos pelos quais um sistema de valores se revela. Uma sociedade se mostra tanto pelo que preza como sagrado quanto pelo que teme e despreza como crime e violência. Neste contexto, convém novamente invocar Durkheim quando diz – dialeticamente – que a condição de normalidade do crime está precisamente no empenho em reprimi-lo e em evitá-lo. Tal como a dor, que "só é fato normal sob a condição de não ser desejada" (Cf. Durkheim, 1960: xvi).

Será seguindo esta postura relacional e dialética que recusa a funcionalidade e a linearidade de uma história tocada a uma só causa que pretendo estudar as raízes da violência no Brasil. Meu caminho será dividido em partes. Na primeira, realizo uma "etnografia da violência" e especulo como a violência é percebida e discutida no Brasil. Numa segunda parte, minha intenção é relacionar os discursos da violência com a configuração institucional da sociedade. Finalmente, como conclusão, discutirei as implicações deste modo de análise sugerindo problemas e levantando questões.

Para uma etnografia da violência

De que modo a violência é concebida no Brasil? Através de que instituições ela tende a se manifestar entre nós? Em que esferas do sistema a violência seria vista como mais frequente? Que categorias de pessoas estão mais sujeitas a sofrer violências? Que formas de sociabilidade consideramos inversas ou opostas às formas ditas e concebidas como violentas?

Um inquérito e a leitura atenta de reflexões sobre a violência mostram um conjunto de fatos interessantes. Destaquemos suas principais características.

1. A leitura teórica ou erudita da violência

Essa é obviamente a leitura mais prestigiosa da violência. Nesta narrativa, fala-se da violência em tom de denúncia, em discurso no qual nada é poupado. Se não fosse exagero, dir-se-ia que nosso discurso erudito sobre a violência é um falar que, sobre ser escandaloso, é também violento. Em geral, essa fala se caracteriza por uma totalização radical do sistema, de sorte que ela tende a confundir a violência com a própria estrutura da sociedade. Se os seus produtores são de direita, o discurso encara a violência como um caso virtual de ausência de repressão e de polícia. Quer dizer: é necessário mais polícias (e policiais) para liquidar a violência, que é uma consequência da indisciplina das massas, vistas como segmentos racialmente inferiores, incapazes de disciplina e, por tudo isso, potencialmente perigosas. Se são de esquerda, o discurso não é mais um caso de polícia, mas de "poder". Liga-se então violência, poder e sociedade de consumo para, em seguida, falar-se de capitalismo, autoritarismo e desmando governamental. Neste tipo de enfoque não se contemplam nem a dúvida nem a contradição. A sociedade se apresenta como uma realidade transparente cuja lógica gira exclusivamente em torno de lucro, consumismo, maisvalia e um capitalismo perverso. Fala-se também do poder como se ele fosse absoluto, vigilante, coeso e sempre vitorioso – como se ele tivesse apenas um eixo organizatório e sempre se manifestasse concretamente, como realidade autônoma.

Neste discurso, que é também marcado pelo utilitarismo e pela funcionalidade que Marshall Sahlins caracterizou como uma razão cega aos estilos culturais, ideológicos e simbólicos da conduta humana, uma "razão prática" (Cf. Sahlins, 1979), a violência não é uma expressão da sociedade, mas uma *resposta funcional* (e racional) da sociedade a alguma coisa. Como se a violência e o violento fossem acidentes ou anomalias provocados por determinado tipo de sistema.

Mas quais são as características deste discurso erudito? A primeira é um acentuado viés normativo, jurisdicista, formalista e/ou disciplinador, através do qual se defendem ou se atacam o "governo" e o Estado, com a crítica assumindo como fundamentais as ausências de "autoridade" e de justiça.[2] A segunda é que se trata de um discurso no qual a compreensão se confunde com o diag-

---

[2] O clamor de justiça que racionaliza essas críticas vazadas de linguagem legal vem de longe. Certamente da própria formação da sociedade (inseparável, no caso ibérico, da estrutura do Estado), que situa o provimento da justiça como objetivo explícito, ainda que num plano formal e compensatório, já que o próprio Estado é tão ambicioso e centralizado que deixa pouco espaço para a chamada "sociedade civil". Assim, nas palavras de um historiador social, Stuart Schwartz, "os soldados, comerciantes, clérigos e cidadãos portugueses encaravam a administração da justiça como a parte mais importante do governo real e como justificativa primeira do poder real" (Cf. 1979: 17).

nóstico, de modo que o seu final é prenhe de medidas normativas: sugestões que iriam "resolver" o "problema da violência" no Brasil. Assim, é frequente pedir, no final desses discursos, uma nova Constituição ou um novo aparato legal que irá enquadrar e acabar com o problema.

Isso revela que se a luta política brasileira tem motivações econômicas, sua batalha final se trava no terreno jurídico-legal.[3] A vitória ou derrota política não se traduz num conflito diretamente ligado ao domínio econômico, mas sobretudo às instâncias mediadoras que produzem ou suprimem novas regras e constituições. Ou seja: lutamos para conseguir um aumento de salário, mas para efetivá-lo temos que pedir *por um decreto*. "Pedir por um decreto!" A fórmula é tão familiar e está tão dentro de nós que só mesmo com esforço podemos discutir suas implicações sociais e políticas.

Outro elemento deste discurso diz respeito à concepção do Estado como grande algoz ou o gigantesco patrão – como o responsável, com todas as suas leis, normas, decretos, portarias etc., por

---

[3] Num estudo único e importante do "bacharelismo", o sociólogo Sérgio Adorno acentua sua surpresa ao descobrir a importância do código jurídico-legal. Deste modo, ele diz que nas recentes lutas pela democratização da sociedade brasileira "sobressaíam-se os juristas como uma espécie de resistência política organizada e qualificada. Não poucos eram aqueles que clamavam pelo retorno ao estado de direito, como se à primeira vista a democratização da sociedade brasileira tivesse como passo inicial a remoção dos obstáculos que se antepunham à criação e à normatização de sólidas bases institucionais. Que saber mágico é esse, afinal, cujo poder restitui a democracia à sociedade brasileira?" (Cf. Adorno, 1988: 20). Pena que seu livro não estude esse "saber mágico" de um ângulo menos historicizante e mais de uma perspectiva sociocultural. Fazendo isso, ele descobriria que se trata de um estilo de administração e de resolução de conflito com grande profundidade histórica, conforme demonstra Stuart Schwartz (1979). Um estilo político que acentua a integração e a conciliação porque decorre de uma sociedade cuja estrutura é hierárquica e relacional. Assim, espera-se mudar pela lei – que exprimiria uma mudança de mentalidade – em vez de por meio de um conflito de classes aberto (Cf. Carvalho, 1990: 31). No Brasil, conforme alguns estudiosos têm acentuado, vale mais ter autoridade jurídica (e política) que dá acesso ao controle do Estado, do que poder econômico.

nossa felicidade ou miséria. Assim, em vez de discutirmos sua atuação correta, corremos sempre para seus braços pedindo que ele amplie suas áreas de atuação. Entre nós, o Estado não é apenas administração federal, mas agente regulador, produtor e legitimador de inúmeras atividades sociais. Por isso nossos debates sobre a violência giram sempre em torno do Estado como uma realidade indiscutível e até certo ponto independente dos processos sociais e políticos básicos. O que não encontramos é a proposta (e com ela a demanda) para transformar o Estado numa administração e numa eficiente instituição provedora de serviços. Daí, certamente, esse afã normativo que caracteriza nossa discussão teórica da violência.

2. O discurso popular ou do senso comum

O discurso do senso comum fala da violência de outro modo, já que é uma narrativa baseada na experiência diária. Nele, a violência não surge apenas como um fenômeno histórico ligado a certas instituições sociais e regimes políticos, mas sobretudo como mecanismo social indesejável: uma ação espontânea, reparadora e direta que rompe os espaços e as barreiras dos costumes, as normas legais, e invade de qualquer maneira o espaço moral do adversário. Quando falamos de violência neste nível, a imagem que mais aparece é a do descontrole que se expressa na briga, na agressão e no conflito, situações nas quais o informante visualiza dois ou mais seres humanos engajados em confronto físico. Afora essas imagens, ninguém mencionou processos histórico-sociais globais.[4]

---

[4] Meu inquérito incluiu 25 pessoas de ambos os sexos, de idades diferenciadas e com profissões diversas (inclusive cinco operários de construção), escolhidas inteiramente ao acaso no bairro onde resido, em Niterói.

Quando pensavam em violência, o que mais apareceu na mente dos informantes foi, como disse, a imagem de uma luta, ou de uma agressão, na qual um fraco era atacado por um forte. A cena mais mencionada foi a de um adulto batendo numa criança ou a de um homem espancando ou estuprando uma mulher. Outro dado desta narrativa é que todos estavam de acordo em que o ato de violência se configurava como eminentemente físico. Uma ação na qual a força corporal surge como instrumento básico de violação da integridade do outro. Apareceram armas, mas curiosamente estavam excluídas as armas de fogo, somente aparecendo armas brancas ou cassetetes, instrumentos de luta que exigem um contato direto e *pessoal* entre agressor e vítima. Isso contrasta com a forma tradicional e esperada de resolver conflitos por meio da "justiça", expressa quando falamos: "vou entrar na justiça contra Fulano!" – em que a disputa é mediatizada por um aparato que torna o contato entre os adversários indireto. E também com a imagem da violência de um informante norte-americano, que imediatamente associou o tema aos "assassinatos políticos".

Esse discurso não se caracteriza por explicitar uma visão econômica ou política, mas por exprimir uma leitura cósmica ou moral do mundo. Uma posição na qual a violência (e o violento) se relaciona à "maldade humana" (vista como natural), ou ao uso da força contra o estruturalmente *fraco*, *pobre* ou *destituído* (que existe, como categoria estrutural, "desde o início dos tempos"). Interessante observar que, neste contexto, o pobre, o fraco, o inferior e o destituído surgem como inocentes (como a criança espancada, a mulher violentada ou o trabalhador espoliado), sendo classificados mais por sua dimensão moral do que através dos eixos econômicos ou políticos. Talvez a ideia central deste discurso seja a de que a violência (como a dor, a doença, a sorte, os acidentes e a desgraça) é incontrolável, tendo uma *distribuição desigual* na nossa sociedade. Uma pessoa pode ser poderosa, mas sofrer uma doença grave ou um acidente; pode ser rica e desaparecer num desastre de avião ou num assalto; e pode ser importante ou famosa e, não obstante, ser sequestrada. Poder, prestígio e riqueza não protegem totalmente as pessoas, que, como seres humanos, estão sujeitas às vicissitudes da vida e aos reveses do destino.

Esse discurso da violência manifesta uma visão hierárquica da sociedade, na qual a complementaridade de posições sociais e a gradação das linhas de poder e riqueza são básicas. Assim, a violência, como a sorte ou a desgraça, não tem uma relação fechada com certas categorias sociais. Claro que os "pobres" sofrem mais, mas isso não torna os ricos necessária e inevitavelmente mais "felizes" ou mais "alegres". Tais possibilidades mostram como a ideia de compensação moral é um dado básico da ideologia brasileira.[5] Elas também mostram como o plano pessoal é igualmente importante neste nível de percepção, o que contrasta com o discurso erudito, que sempre acentua o universal, o impessoal e o abstrato. Neste sentido, a violência focalizada por esse discurso seria, conforme acentua O'Donnell, *protopolítica*, estando "notavelmente independente de opiniões e filiações políticas" (1986: 135-136). Ou seja, essa violência seria mais profunda, personalizada, despolitizada e não instrumental, estando muito mais a serviço de uma

---

[5] Embora vivendo num universo em mudança, onde os conflitos de classe são marcantes, os favelados de São Paulo se autoclassificam fundamentalmente como "pobres" (não como trabalhadores), concebem o mundo hierarquicamente e se situam nele de modo relacional, sempre em relação aos que julgam estar social e politicamente em cima e embaixo. Utilizam sempre uma lógica compensatória, opondo sistematicamente sua posição com a de um outro que estaria em posição pior. É o que revela a pesquisa de Ruth Cardoso entre pobres da periferia de São Paulo (Cf. Cardoso, 1978). Neste contexto, vale acentuar que a adoção, pela elite política brasileira, de um "poder moderador", isto é, um poder teoricamente equidistante, neutro e capaz de equilibrar o sistema, é um dado significativo. Num plano sociológico profundo, pode-se argumentar que a ideia de um "poder moderador" refaz a lógica da compensação patriarcal e hierárquica como um valor central do sistema.

moralidade compartilhada por todos os membros da sociedade do que a serviço de um grupo, classe ou ideologia.

A narrativa popular deixa claro que a violência é concebida como injusta e como ação que configura ausência de entendimento, boa vontade, tranquilidade, estabilidade e confiança. Para tal percepção, uma das causas mais poderosas da violência é o "egoísmo", que faz com que as pessoas tomem partido de seus interesses particulares, eventualmente *contra* seus parceiros morais. Uma filha que *desobedece* a seus pais, um amigo que não *ouve* o outro, um parceiro que não é *leal* ao companheiro são bons exemplos desta individualização que rompe as expectativas de complementaridade de certas relações sociais, pondo sob suspeição o individualismo moderno. Ao lado disso, observa-se que a violência é concebida como algo pessoal e concreto. Isto é, algo voltado contra um ser humano palpável, tangível e real e não contra categorias abstratas (como um grupo ou uma classe), definidas por meio de critérios políticos ou econômicos igualmente intangíveis.

Tudo isso remete, finalmente, a um traço essencial do discurso do senso comum sobre a violência. E que nele a violência é lida muito mais como um *mecanismo* social do que como um processo. Daí, certamente, sua associação com a desordem e a insegurança. Tal visão traduz, parece-me, a crença num mundo passível de ser entendido e resolvido pela palavra e pelo diálogo. Se os homens se falam, entendem-se. Vale dizer: se os recursos de mediação, se os instrumentos de simbolização são acionados, o mundo continua seguro e tranquilo. Mas se uma pessoa abre mão disto, a realidade se transforma. Assim, no Brasil, a essência do violento parece estar relacionada à ação sem rodeios: ao movimento que, dispensando intermediários, cria um confronto direto entre as pessoas. Tudo indica, portanto, que a violência tem uma relação crítica com a ausência de mediação e com um contexto no qual as pessoas se confrontam como indivíduos, motivadas exclusivamente por seus interesses em condições em que a oportunidade de usar a força física cria uma inusitada igualdade. Assim, se quero, tomo; se desejo, estupro; se não possuo, roubo; se odeio, assassino; se sou contrariado, espanco. Dispensando intermediários, abandonando a regra da complementaridade que engendra a ordem, rompendo com as mediações da lei, dos costumes e da moralidade que fazem esperar, a violência conduz à invasão dos espaços e ao encontro cara a cara, no qual a força substitui outros eixos organizatórios. Assim, em vez de patrão/empregado, pais/filhos, marido/mulher, rico/pobre, a violência faz com que tenhamos apenas duas pessoas moralmente iguais.

O quadro institucional dos discursos da violência

Qual o significado sociológico desses dois discursos? São formas excludentes de percepção da realidade brasileira – um sendo correto e o outro, alienado – ou modos complementares por meio dos quais a violência é lida no Brasil?

Além da complexidade do fenômeno, esses discursos revelam a presença de dois códigos na nossa sociedade, complementares e até simétricos, já que o discurso erudito não expressa o que o falar do senso comum acentua. Assim, o discurso erudito é incisivo em relação à estrutura do sistema, mas nada diz que permita dar um sentido sociológico profundo à violência do dia a dia. Afinal, como é que essa fala econômica e política sofisticada e sistêmica pode explicar a violência que atingiu o meu grupo, a minha família ou os meus entes queridos? Explicar o assalto apelando para a pobreza e para a concentração escandalosa da renda é o mesmo que explicar a morte de uma pessoa invocando causas abstratas, quando o que se precisa é saber por que *aquela pessoa* foi assaltada e morreu. Invocando Evans-Pritchard (1937), dir-se-ia que o discurso popular apanha a violência no seu plano moral (e personalizado), que é próximo ao idioma da bruxaria. Nos termos desta narrativa, a violência desce dos céus de um universalismo abstrato para chegar ao reino da sociedade com suas relações e motivações concretas. Parafraseando Evans-Pritchard, poder-se-ia dizer que as teorias eruditas indicam mecanismos políticos abstratos como causa da violência. Mas os nativos apelam para um código alternativo (complementar ao primeiro). Um discurso pessoal, no qual a atribuição da violência a uma causa concreta dá aos eventos um "valor moral" (Cf. Evans-Pritchard, 1937: 73). É esse valor moral que responde satisfatoriamente à pergunta: "Por que tal fato ocorreu justamente comigo?"

Quero crer que a descoberta desses dois discursos permite compreender melhor a violência no Brasil, indo além de certos lugares-comuns relacionados a essa questão. De fato, dizer que um quebra-quebra tem uma relação direta com o amordaçamento das massas trabalhadoras pelo Estado autoritário e pelo capitalismo selvagem não é ir muito além do que sabemos.

Para tanto, temos que penetrar na razão mais profunda desses discursos para descobrir que a narrativa erudita pertence ao mundo intelectual das mesas-redondas, parlamentos e livros, como a fala do espaço configurado pelo *mundo da rua*. Ao passo que o outro discurso atua nos espaços pessoais da *casa* e da *família*. De um lado, portanto, temos um discurso envolvente, lógico e quase sempre implicado nas leis e determinações que excluem o insólito e o pessoal. Essa é uma postura legalizante e ibérica que, conforme chama nossa atenção Stuart Schwartz (1979), tem um longo e profundo assento junto da mentalidade brasileira. Nesta teorização, os eventos são *legalizados*, ou seja, categorizados em "figuras" e "tropos" previamente estabelecidos, de modo que o estudioso atua como jurista, policial ou médico. Diante do conflito que per-

turba e exige enfrentamento, ele assume uma atitude autoritária, corretiva e disciplinadora que teoricamente "dará paradeiro" a um estado de coisas percebido como "calamitoso" ou "escandaloso".
Já o discurso do senso comum e da *casa* remete ao universo das relações pessoais. Ao mundo das intimidades que engendram agressões e ódios insuspeitados, mas em compensação exigem explanações mais densas e moralmente satisfatórias. Neste nível, explicar um crime por meio de uma estatística é um insulto, pois ele demanda a confrontação do caso em sua especificidade e sua pessoalidade, elementos que a sociedade brasileira vê como componentes importantes da *realidade* e da *vida*. Se o discurso erudito é legalizante e formalista, já que se faz com conceitos maiores do que a vida, a narrativa popular é aberta ao contraditório e às incertezas deste mundo. Neste contexto, aliás, vale observar novamente com Stuart Schwartz (1979) que, no Brasil, a ideia de *legal* (e de legalidade e legalização) representa uma categoria inclusiva, na qual se detecta o amálgama sócio-histórico do jurídico com o administrativo e com o político. Daí por que o *legal* tem uso corrente na sociedade brasileira, demarcando tudo o que é bom, correto, interessante e até mesmo revolucionário. O que mostra como estamos penetrados até a medula por um legalismo que atribui ao plano jurídico a responsabilidade de resolver conflitos, arbitrar diferenças, dirimir culpas e realizar a justiça, compensando os fracos e corrigindo o poder dos fortes. Em oposição ao legalismo da fala erudita, o discurso do senso comum é sobretudo pessoal e relacional. Nele, o violento aparece como um mecanismo destinado a promover pessoalmente a justiça quando as corporações legais falham, tardam ou simplesmente não existem. Ou para estabelecer a gradação e a hierarquia em situações marcadas por uma lógica excessivamente dicotomizada, que só pode contemplar o sim ou o não.

O discurso erudito e o discurso popular, portanto, correspondem a narrativas que contemplam o mundo social a partir da rua ou da casa. É precisamente porque vivemos numa sociedade com essa lógica dupla que a nossa violência se relaciona com instituições como a vingança, o quebra-quebra e o "sabe com quem está falando?".

Teoria e prática da violência no Brasil: vingança, quebra-quebra e "sabe com quem está falando?"

O que são essas modalidades de reparo, protesto e reconhecimento social tão comuns e banalizadas nos jornais diários – mas tão ausentes das teorias do Brasil – se não tentativas de juntar pela intervenção direta o plano das leis universais (e igualitárias) do mundo da rua e a moralidade particularista (e hierarquizada) que governa o universo da casa? Separadas por ideologias e práticas diversas, a conjugação dessas duas regiões de nossa sociedade é sempre um ato difícil, frequentemente marcado pelo arbítrio e pela força. É minha tese que a vingança, o "sabe com quem está falando?" e o quebra-quebra são formas institucionalizadas de violência, através das quais se busca transcender essa divisão.[6]

Como tenho mostrado no meu trabalho, o dilema brasileiro é feito dessa oscilação entre um código e outro. Como se a justiça pela lei, feita através do aparato jurídico do Estado-nação, fosse falha ou insuficiente e por isso não confiável. O que abriria as portas para uma outra justiça fundada na moral pessoal e numa leitura

---

[6] Neste contexto, lembro as argutas observações comparativas de Guillermo O'Donnell no seu "E eu com isso? Notas sobre a sociabilidade e a política na Argentina e no Brasil", in O'Donnell (1986: 121-155), ensaio importante para o estudo da violência latino-americana do ponto de vista político e cultural.

da sociedade como comunidade de pessoas morais que gozam de uma "real" *igualdade substantiva*.[7] A possibilidade de escolha entre um ou outro código mapeia um sistema desconfiado da possibilidade de justiça, porque sabe que, esgotados os recursos de um sistema, poderá lançar mão do outro. Os níveis não são apenas diferentes. São complementares e contextuais, o que dificulta a noção moderna de compartimentalização e do estabelecimento de limites para a justiça e para a ação policial. O apelo a ambos os sistemas lembra que, mesmo quando as pessoas são flagrantemente desiguais em termos políticos e econômicos, têm sempre direito a uma reparação moral. Neste contexto, a vingança, o quebra-quebra e o "sabe com quem está falando?" podem ser interpretados como recursos a essa justiça que se faz com as próprias mãos.

De fato, o que seria a vingança se não o apelo dramático à justiça pelas próprias mãos diante da inoperância (ou da falha) do aparato estatal que eventualmente deixa impune quem cometeu uma ofensa contra minha família? Tal como o "sabe com quem está falando?" e os quebra-quebras, a vingança é um modo heterodoxo de ajustar o sistema, acelerando e provendo a justiça que uma desigualdade política tendia a obstruir. Sua violência decorre mais dos métodos singulares de que lança mão em cada caso do que de suas intenções, que sempre a legitimam perante os códigos de conduta estabelecidos. Com essas instituições, portanto, tem-se um remédio para as injustiças, fazendo com que os "donos do poder", os que controlam o sistema legal e a burocracia jurídica e policial sofram de uma ideia de justiça moral da qual ninguém deve escapar. Com isso, a sociedade sincroniza a ideia de "justiça"

---

[7] Para uma investigação importante das ambiguidades da justiça no Brasil, veja-se o trabalho de Roberto Kant de Lima (1991). A ideia de "igualdade substantiva" foi discutida com muita originalidade no livro de Lívia Barbosa sobre o "jeitinho brasileiro" (Cf. Barbosa, 1992).

com a de moralidade pessoal e com o conceito de "justiça divina", processo englobador de todas as formas de reparo social entre *homens*.

Em outras palavras, essas instituições revelam que, se as pessoas são realmente desiguais em termos de poder aquisitivo, capacidade educacional, prestígio da rede de relações pessoais, influência política, e o que mais não seja, esses critérios não são suficientes para esgotar as possibilidades classificatórias, porque nenhum tem peso absoluto. Esse é um estilo característico da sócio-lógica do que Karl Polanyi (1980) chamava de "embebimento", na qual as instituições não se autonomizam dos processos sociais globais. Quero sugerir que tal estilo se traduz sociologicamente pela ausência de dominância de um critério exclusivo e pela consequente possibilidade de usar outras dimensões no intuito de reorientar (ou redefinir) a classificação. Deste modo, nem o critério político, nem o econômico, nem o prestígio social são hegemônicos na sociedade brasileira. Trata-se de um sistema estamentado no qual, conforme revela Raymundo Faoro, se realiza um amálgama entre as dimensões legais, burocráticas e políticas, dimensões que o processo de modernização separou em outros sistemas.

Nos meus próprios termos, trata-se de uma estrutura social que reúne hierarquia e igualdade, holismo e individualismo e que, por isso mesmo, pode usar dessas dimensões para equilibrar e compensar a outra.[8] Conforme recentemente me relembrou um motorista de ônibus no meio de uma acalorada discussão na qual se arbitrava com um policial quem tinha razão numa batida de veículos: "O polícia é autoridade nesse 'terreiro' (na rodovia fede-

---

[8] A meu ver é essa a lógica que tipifica a síndrome autoritária brasileira, do "capitalismo autoritário", tão bem estudado por Otávio Velho (1976), à "cidadania regulada" de Wanderley Guilherme dos Santos (1979), sem esquecer a sub-representação e a cooptação personalística analisadas por Simon Schwartzman (1975).

ral), mas no meu 'terreiro' eu sou autoridade!" A possibilidade de usar critérios múltiplos surge em todas as dimensões da vida. No plano legal, ela inventa o "legalismo bacharelesco" e tende a paralisar o processo jurídico tornando complexa – como chama a atenção Kant de Lima (1991) – a produção da "verdade", porque a ausência de um critério ético-legal hegemônico faz com que todos tenham razão.⁹

Quando estudei o "sabe com quem está falando?", disse que essa fórmula ritualística exprimia uma reação violenta e autoritária à impessoalidade e à universalidade da cidadania. Realmente, aparecendo em situações nas quais uma pessoa que se considera especial se acha "diminuída" ou tratada "sem consideração" por algum representante da "ordem legal", o "sabe com quem está falando?" demarca e separa posições, transformando violentamente um *cidadão* desconhecido em *pessoa* detentora de cargo importante ou nome de família, com direito a tratamento especial pela autoridade. O "sabe com quem está falando?" também desnuda

---

⁹ Uma passagem mencionada por um notável especialista em história social do direito, Harold Berman, exemplifica bem as dificuldades de aplicação da lei no mundo árabe, um universo social igualmente contaminado por múltiplas éticas. Conta a história que uma autoridade em lei e teologia islâmica, um Mullah, ouve um caso de disputa e, diante dos belos argumentos do reclamante, exclama: "Creio que você tem razão." O escrivão pede à autoridade para se controlar e ouvir a defesa. Quando o faz, o Mullah novamente encantado exclama: "Acredito que você está certo." Horrorizado com essas afirmativas, o escrivão lembra que: "Ambos não podem estar certos." Ao que o Mullah responde dizendo: "Você também está certo." Berman acentua que "a resposta não se encontra na pergunta 'quem está certo?'", mas no esforço para salvar a "honra dos partidos envolvidos, restaurando a relação correta entre eles" (Cf. Berman, 1983: 78). Do ponto de vista de minha análise, o Mullah faz como todo brasileiro: lê a situação utilizando vários pontos de vista não porque é imoral, mas porque (a) não existe um dimensão hegemônica que determine uma leitura exclusiva que ilegitime todos os outros princípios; e (b) naquela coletividade a verdade não surge individualizadamente, dentro da lógica do "sim-ou-não" (culpado-ou-não-culpado), mas relacionalmente – isto é, dentro da noção de que "todos têm razão" e "têm o rabo preso". Trata-se de fazer justiça, sim, mas, como acentua o Mullah da história, salvando a honra de todos os implicados.

o elo não resolvido entre a igualdade postulada pela regra universal que se aplica a todos indistintamente e as hierarquias que dão sentido às práticas cotidianas. Se a lei nos vê como indivíduos, pois perante a legislação moderna somos sujeitos integrais e indivisos, as normas não escritas da moralidade pessoal nos leem como singularidades que ocupam somente uma posição numa teia de relações. Isso obriga a uma leitura de nossos atos de modo relacional ou relativo aos motivos impostos por outra pessoa.

Como indivíduos devemos ser julgados com o pressuposto de que somos responsáveis exclusivos pelo que fazemos, mas como pessoas fazemos coisas não apenas porque queremos, mas, sobretudo, porque uma dada relação assim comanda. Ora, essa possibilidade de atribuir responsabilidade penal relacionalmente muda tudo. Agora nossas ações podem ser lidas como partes de motivações imperativas. Por exemplo: X matou porque "era sua filha". Y roubou "pensando na sua família". E Z vingou-se "para lavar a honra de seu pai". Neste caso, a ideia moderna de responsabilidade individual (e indivisível), que legitima julgar um indivíduo isolado que responde por seus atos, está em competição com noções anti-individualistas que dizem que este tipo de atribuição de responsabilidade é impossível porque as pessoas têm obrigações para com suas relações. É esse conjunto de noções que caracteriza o chamado "crime de honra".[10]

Essa mesma lógica distingue os movimentos sociais que chamamos de quebra-quebras ou de "tumultos urbanos". Tais movi-

---

[10] Nesse contexto, convém recordar o que Roberto Mangabeira Unger disse sobre a honra: "A honra é o reconhecimento alheio de que o indivíduo se distingue pelas virtudes especialmente adequadas à sua posição em decorrência dos direitos e obrigações que a acompanham. (...) Assim, por exemplo, ele não é uma pessoa com deveres de um nobre: é um nobre. Para si mesmo e os outros, sua posição social lhe consome toda a humanidade e é inseparável dela" (Cf. Unger, 1979: 162).

mentos têm três características. A primeira é que são ações deflagradas contra o Estado e a propriedade pública. A segunda diz respeito a ações coletivas que objetivam reconhecimento social e político a qualquer preço, o que para nós é um sintoma tácito de que o segmento, grupo ou categoria social estava sofrendo algum abuso por parte de alguma autoridade. O terceiro ponto mostra que tais ações não têm limites ou mediações, sendo deflagradas no intuito de "resolver" uma situação a qualquer preço.

Por tudo isso, a relação com a lógica social de ganhar rosto, voz – reconhecimento político – é flagrante. De fato, o que faz a turba urbana destruindo ônibus e trens é promover um gigantesco "sabe com quem está falando?" que permite juntar – pela veemência dos meios escolhidos – a massa de indivíduos destituída e invisível para as autoridades, elites e governo, a propriedade do Estado e a população em geral. Deste ângulo, o quebra-quebra é como um grito agressivo que os filhos lançam para os pais no momento em que estão passando pela difícil fase de individualização em suas casas e famílias. Grito que revela sempre uma desproporção entre a forma e a substância do protesto.[11] Mas como reagir às relações verticais que sufocam dentro e fora da família se não for, conforme falamos, "no berro"?

Nestes casos, a violência parece surgir como um modo drástico de separar e individualizar. Como se o movimento social fosse a última estratégia numa sociedade na qual a hierarquia (e os elos) entre segmentos e grupos sociais contasse mais do que suas paixões e seus interesses. Como é que faço quando verifico que preciso de

---

[11] Não deve ser por acaso que a Independência do Brasil (e da Colômbia, Uruguai, México, Equador, Porto Rico) culmine num "grito". Grito que, na nossa cultura, se associa a desabafo violento, a revelar uma situação de opressão ou discordância insuportável.

um substancial aumento de salário, mas não tenho nenhum contrato de trabalho com o meu patrão? Ou quando observo que estou sendo impiedosamente explorado nas minhas trocas comerciais, que estão, porém, intrincadamente misturadas a um idioma de amizade e antigos laços de família, amizade e compadrio? Nestes casos, o personalismo é uma faca de dois gumes. Serve para iniciar e manter o negócio, passando por cima de eventuais crises econômicas, mas serve igualmente para imobilizá-lo. Esse estilo relacional de sociabilidade dificulta o ato de reivindicar porque, como estou dizendo, os elos pessoais englobam vontades, projetos e desejos dos indivíduos implicados nas relações. A tentativa de sair do código pessoal – de acordo com o qual eu não conto como indivíduo que tem seu espaço próprio, mas funciono como pessoa e membro efetivo e integral do grupo que fala por mim – para entrar no das leis universais que servem para todos é sempre vista como imoral, imprópria e desabusada. Como um ato de traição ao grupo e às relações, como se fosse um crime reivindicar o indivíduo onde estão a pessoa e a relação indiscutível.[12]

Pois bem, nossa violência parece estar ligada à reivindicação de um espaço interno quando a rede de relações entra em conflito direto com os interesses refletidos neste espaço. Como uma mulher pode exercer sua individualidade diante do marido (e da família) se ela é englobada social e juridicamente pela casa? Como um subordinado pode reclamar do seu patrão se ele não tem autonomia? Em outras palavras, como poderá uma mulher (ou um empregado) agir individualmente se legal e politicamente seu posicionamento na sociedade é dado pelo nome e posição de seu marido e patrão? Neste caso, a violência individualiza e ajuda a

---

[12] Essas considerações ajudam a complicar as relações entre indivíduo e pessoa que introduzi com a discussão do "sabe com quem está falando?", em DaMatta, 1979.

desenglobar, mostrando claramente os interesses particulares de uma pessoa, grupo ou segmento social.

Em casos, entretanto, nos quais pequenos proprietários com recursos equivalentes entram em competição e em disputa política, a violência pode surgir como instrumento englobador. Como o mecanismo capaz de restabelecer hierarquia em contextos demasiadamente compartimentalizados, ou nos quais havia uma individualização negativa, incapaz de perceber, como sempre ocorre no Brasil, seus limites e suas relações com a sociedade como um todo. Quer dizer, com muita individualização e pouco ou nenhum associacionismo, o que caracteriza o individualismo moderno, como percebeu de Tocqueville (Cf. de Tocqueville, 1969; e DaMatta, 1979: Cap. IV). Os surtos e transes autoritários tão frequentes no sistema político brasileiro podem ser interpretados como modalidades de englobamento pela violência do casuísmo jurídico em benefício dos que estão no poder, justamente quando situações de grande fragmentação do sistema são percebidas como ameaça à integridade social. No fundo, teríamos dois processos básicos de englobamento, manifestos na violência à brasileira. Um englobamento pela esfera da "rua", através de uma moldura jurídica; e um englobamento individualizador e personalista, por meio da "casa". Quando são os "pequenos" (ou os estruturalmente fracos) que clamam por seus direitos, esse clamor tende a assumir a forma de uma violência personalizada e "pré-política" – isto é, um estilo de violência que se manifesta por grupos de interesses difusos através de grupos *ad hoc* e sem nenhuma planificação. Realmente, seu estilo espontâneo é que legitima, como um bom desfile carnavalesco, o protesto destrutivo que promovem.

Tais considerações ajudam também a entender as relações entre a forma e a substância de certas formas de protesto. O caso do quebra-quebra é a esse respeito exemplar, pois se os analistas explicam muito bem o quadro de suas ocorrências (conforme fazem magistralmente Moisés e Martinez-Alier, 1978), eles nem sempre discutem por que os movimentos ocorrem naquele estilo específico, isto é, como um quebra-quebra. Aliás, neste sentido, ele seria até irracional, porque não é nada lógico que o protesto contra a exploração do trabalho se faça justamente contra os meios de transporte, levando à sua eventual destruição. Mas o fato é que os quebra-quebras ocorrem contra a propriedade pública e os meios de transportes, no momento mesmo em que as massas estão prestes a utilizá-los. Por que isso se faz assim e nesta ocasião? É interessante que na busca de uma resposta para essa questão tenhamos que especular sobre o mundo dos valores, símbolos e representações, mesmo quando sabemos que a massa trabalhadora aparentemente vive num sistema cuja base lógica se funda no utilitarismo e no racionalismo que postula uma relação entre meios e fins.

Se tudo se move seguindo de perto a utilidade e a "razão prática", por que os trabalhadores não quebram as fábricas? Afinal, isso ocorreu na Inglaterra de 1826, quando os luditas destruíram máquinas, para a perturbação de muitos historiadores sociais ingleses (Cf. Pearson, 1978). Mas o que diriam esses estudiosos diante das massas urbanas brasileiras, que não destroem seus locais de trabalho, mas os meios de transporte? Neste caso estaríamos diante de uma "irracionalidade" ainda mais flagrante, caso não se faça um apelo para a "razão cultural" ou "simbólica" para sugerir que no nosso caso a necessidade de usar o transporte coletivo é um dos mais acabados sinais de um estilo de vida subalterno, inferior ou pobre. Sem poder usar o automóvel, que concretiza uma personalização elitizante, a maioria é obrigada a "*ter* que tomar um ônibus" ou "*ser obrigada* a andar de trem", o que define uma posição inferior e um "castigo", porque, com a rede deficiente e inconfiável de transporte de massa que opera nas grandes cidades brasileiras, o seu usuário é sempre definido como "gado", "presunto" ou "lixo".[13] Ser "usuário" do transporte coletivo no Brasil é, pois, um sinal de que se está submetido a péssimas condições de moradia, educação e trabalho, o que faz com que o cidadão seja tratado como "um qualquer" durante pelo menos duas etapas do ciclo produtivo: na ida e na vinda do trabalho. Em outras palavras, o transporte coletivo tem uma conotação sociológica muito precisa: ele simboliza o pleno anonimato de uma cidadania com muitos deveres, mas sem nenhum direito. Ser usuário de transporte público é, no caso do Brasil, o ponto final de uma massificação que todos tentam evitar.

Mas o transporte coletivo cria outra tensão fundamental. É que ele apanha as pessoas quando elas estão *entre* a casa e a rua. Precisamente naquele momento liminar e delicado em que ainda não se foi integrado ao mundo disciplinado do trabalho, pois ainda não se deixou de ser membro da casa e da vizinhança, contextos em que o cidadão é visto como "pessoa" e "gente". Parece-me que, neste espaço ambíguo da "rua" e neste momento do transporte público, somos mais sensíveis ao tratamento igualitário. É então neste contexto que estaríamos mais dispostos a mostrar nossa indignação contra o tratamento anti-humano que recebemos. Deste modo, tal como os luditas do século XIX inglês quebravam máquinas e relógios de ponto, essas engrenagens que os atrelavam a um tempo contado pelo patrão e pelos interesses do mercado, do capital e dos ciclos econômicos e não mais pelos ritmos naturais da vida rural com seus relacionamentos fundados na moral e na família, os nossos trabalhadores quebram de quando em vez os meios de transporte, essas máquinas infernais que lhes roubam a honra e o tempo

---

[13] Ou seja: como rebotalho ou futuro defunto (= "presunto"). Os assaltos que sistematicamente ocorrem nos transportes públicos, sobretudo nos ônibus, reforçam com veemência a ideia segundo a qual a obrigatoriedade do uso do transporte de massa é efetivamente um "castigo" e um sinal de pobreza e indigência social.

livre. E o tempo livre, para essas massas, diz respeito ao seu próprio corpo e ao seu uso como instrumento de sobrevivência na cidade. Neste sentido, a deficiência dos meios de transporte urbano constitui uma sobre-exploração do usuário deste sistema.

Da perspectiva desta interpretação, portanto, o quebra-quebra é o "sabe com quem está falando?" das massas de indivíduos destituídos e politicamente sem voz ou fórum. É uma reação direta e, conforme já acentuaram Moisés e Martinez-Alier (Cf. 1978), eficaz por parte dos trabalhadores no sentido de ganharem visibilidade. Neste caso, a violência surge como mecanismo que permite ganhar um rosto de cidadão.

Aliás, neste contexto, não se pode esquecer a histórica revolta dos "quebra-quilos", cujo alvo foi o sistema de pesos e medidas que o governo central decidiu modificar e centralizar em 1862, pela Lei nº 1.157, de 26 de julho do mesmo ano (Cf. Souto Maior, 1978: 21). Tal como esses quebra-quebras urbanos, o quebra-quilos – que levava grupos de pessoas a destruírem balanças – pode ser interpretado como uma reação contra a universalização das medidas e dos pesos, o que traria para os pequenos produtores do agreste paraibano a provável perturbação do sistema de patronagem e clientelismo comercial que certamente norteava sua atividade mercantil. Aqui também temos o uso da lei universal como um meio de prejudicar os "pequenos" e os que não têm voz nos centros de decisão mais importantes.[14]

---

[14] Minha interpretação desse movimento e de outros que surgiram na mesma época – entre 1870 e 1880 – é que eles buscavam o restabelecimento da velha e boa hierarquia, eixo baseado por certo na desigualdade, mas também na *equivalência moral* e no *reconhecimento* do subordinado como *pessoa* que era tratada pelo patrão com *consideração*, fazendo parte de sua rede de relações. Tais movimentos seriam, portanto, reações *personalistas* e *particularistas*, contra um liberalismo universalista abstrato e construído por decreto que, no Brasil, tem se caracterizado pela supressão da liberdade (coibindo, por exemplo, práticas comerciais ou religiosas tradicionais), pelo centralismo que passa por cima, despoticamente, das instituições locais, e finalmente por

A guerra do sistema de leis contra o de relações pessoais tem, pois, vários fronts. Às vezes o sistema pessoal (ou o domínio da casa) pode ser vencido pelas leis. Quase sempre, porém, sai vencedor. É possível até que se possam ver, nestas relações, ciclos que nos ajudariam a entender as oscilações dos regimes no Brasil. Quando o sistema de leis é vencedor, estamos no terreno dos autoritarismos "esclarecidos", expressos por um ditador "simpático", como Vargas, ou por uma instituição ilibada, como o Exército. Autoritarismos justificados num projeto de progresso econômico teoricamente expressivo da "vontade nacional", mas sempre muito bem calçados num legalismo jurídico que legitima pela lei e por adições constitucionais os seus atos de exceção. Mas quando vence a ideologia das relações pessoais aplicada ao plano político, entramos no ciclo dos "populismos messiânicos" e tudo passa a ser uma questão de simpatia e de relacionamentos entre pessoas. De fato, o populismo captura as massas urbanas precisamente porque seu discurso transforma as massas em pessoas.[15]

---

um universalismo abstrato e complexo que põe o fraco e o iletrado à mercê do Estado e dos seus representantes oficiais e oficiosos. Essas revoltas não são gritos pela igualdade ou liberdade burguesas, como querem alguns. Ao contrário, exprimem uma enorme desconfiança de um liberalismo à brasileira, controlado pelo Estado e apropriado pelas elites aristocráticas dominantes. Elites que de senhores de terra passam a ser *também* ministros de Estado, chefes políticos, juízes, coletores, prefeitos e burocratas locais. Neste sentido, o universalismo burguês manifestou-se no Brasil como um instrumento de expressão da desigualdade dentro de uma moldura liberal, que cabe instigar com menos ingenuidade e mais imaginação sociológica. A face formal, legalista e jurídica do liberalismo brasileiro sempre foi maior do que a sua vontade de mudar o mundo das práticas sociais. Neste sentido, o nosso liberalismo de fachada, que fala mais em liberdade (que interessa ao debate teórico entre as elites) do que em igualdade (que implica mudanças de posições social) é, como o populismo pós-1930, uma outra antecipação, pois faz com que a elite chegue ao individualismo, à liberdade e à igualdade como valores sociais antes das massas.

[15] Poderia acrescentar que o espaço do *outro mundo* – uma outra dimensão básica do sistema brasileiro, igualmente responsável por uma ética e valores – também tem mecanismos equivalentes. Assim, os milagres, as graças e as aparições seriam parte deste quadro de "violências divinas" ou "sagradas", constituindo verdadeiros "sabe com quem está falando?" do além.

Finalizando, diria que a violência brasileira seria um modo desesperado mas permanente de buscar a integração política e social de um sistema vivido e percebido como fragmentado, dividido e dotado de éticas múltiplas. A violência serviria tanto para hierarquizar os iguais quanto para igualar os diferentes. Seria também um mecanismo fundamental para juntar a lei com a amizade pessoal, a casa com a rua e este mundo com o outro. Neste sentido, ela bem poderia ser chamada de messianismo dos pobres, pois, na sua forma mais crua e menos elaborada ideologicamente, revela com trágica brutalidade as distâncias que temos que vencer para tornar o Brasil uma sociedade mais justa e mais capaz de ouvir a si mesma.

Jardim Ubá, 9 de dezembro de 1981
e 24 de julho de 1992

Referências

2. A OBRA LITERÁRIA COMO ETNOGRAFIA: NOTAS SOBRE AS RELAÇÕES ENTRE LITERATURA E ANTROPOLOGIA

Candido, Antonio
1964 – "O homem dos avessos", *Tese e Antítese*. São Paulo: Cia. Editora Nacional.
1970 – "Jagunços mineiros de Cláudio a Guimarães Rosa", *Vários escritos*. São Paulo: Livraria Duas Cidades.

Clifford, James
1988 – *The Predicament of Culture*. Cambridge: Harvard University Press.

DaMatta, Roberto
1973 – *Ensaios de antropologia estrutural*. Petrópolis: Vozes.
1976 – *Um mundo dividido: a estrutura social dos índios Apinayé*. Petrópolis: Vozes.
1979 – *Carnavais, malandros e heróis: para uma sociologia do dilema brasileiro*. Rio: Editora Guanabara.
1987 – *A casa & a rua: espaço, cidadania, mulher e morte no Brasil*. Rio: Guanabara.
1987a – *Relativizando: uma introdução à antropologia social*. Rio: Rocco.

Durkheim, Émile
1961 [1912] – *The Elementary Forms of the Religious Life*. New York: Collier Books.

Geertz, Clifford
1963 – *The Interpretation of Cultures*. New York: Basic Books.
Gluckman, Max
1963 – *Order and Rebellion in Tribal Africa*. London: C&W.
1965 – *Politics, Law and Ritual in Tribal Society*. Chicago: Aldine.
Hobsbawn, Eric
1975 – *Bandidos*. Rio de Janeiro: Forense-Universitária.
Lévi-Strauss, Claude
1957 – *Tristes trópicos*. São Paulo: Anhembi.
1962 – *La Pensée Sauvage*. Paris: Plon.
Sahlins, Marshall
1976 – *Culture and Practical Reason*. Chicago: The University of Chicago Press.
Sangren, Steven P.
1988 – "Rhetoric and the Authority of Ethnography: Postmodernism and the Social Reproduction of Texts". *Current Anthropology*, Vol. 29, Number 3, June.
Silva, Márcio Ferreira da
1985 – "O saco e a sapiência; ou Machado de Assis no país das aranhas", Programa de Pós-Graduação em Antropologia Social, Museu Nacional, Rio de Janeiro.
Süssekind, Flora
1984 – *Tal Brasil, qual romance?* Rio de Janeiro: Achiamé.
Todorov, Tzvetan
s/d – *Teorias do símbolo*, Lisboa, Edições 70.
Turner, Victor
1974 – *Dramas, Fields and Metaphors*. Ithaca and London: Cornell Univ. Press.
Wyatt, Ian
1957 – *The Rise of the Novel*. Berkeley and Los Angeles: University of California Press.

3. O PODER MÁGICO DA MÚSICA DE CARNAVAL
(DECIFRANDO "MAMÃE EU QUERO")

Alencar, E. de
1979 – *O Carnaval carioca através da música*. Rio de Janeiro: Livraria Francisco Alves/MEC.

Austin, J.L.
1962 – *How to Do Things with Words*. Cambridge: Harvard Universisty Press.

Bakhtin, Mikhail
1963 – *Rabelais and his World*. Cambrigde, Mass. The MIT Press.

Berlink, Manuel T.
1976 – "Sossega leão: algumas considerações sobre o samba como forma de cultura popular", in *Contexto*, nº 1.

Câmara Cascudo, Luís da
1979 – *História dos nossos gestos*. São Paulo: Edições Melhoramentos.

DaMatta, Roberto
1973 – *Ensaios de antropologia estrutural*. Coleção Antropologia, nº 3. Petrópolis: Editora Vozes.
1979 – *Carnavais, malandros e heróis: para uma sociologia do dilema brasileiro*. Rio de Janeiro: Editora Guanabara.
1982 – *A casa & a rua: espaço, cidadania, mulher e morte no Brasil*. Rio de Janeiro: Guanabara Koogan.

Geertz, Clifford
1973 – *The Interpretation of Cultures: Selected Essays*. Nova York. Basic Books. Trad. brasileira: *A interpretação das culturas*. Rio de Janeiro: Zahar.

Lévi-Strauss
1970 – *O pensamento selvagem*. Trad. de M. C. Costa e Sousa e A. O. Aguiar. São Paulo: Cia. Editora Nacional.

Lima Barreto
1956 – *Marginália: artigos e crônicas*. São Paulo: Editora Brasiliense.

Mário de Andrade
1972 – *Ensaio sobre a música brasileira*. Obras Completas, 3ª Edição. Livraria Martins Editora S.A./MEC-Instituto Nacional do Livro.

Mauss, Marcel
  1968 – "La Prière" in *Oeuvres*, 3 vol., cap. 4. Paris: Éditions de Minuit. Vol. 1, pp. 357-415.
Petri, Dino
  1984 – *A linguagem proibida: um estudo da linguagem erótica*. São Paulo: T. A. Queiroz Editor.
Seeger, Anthony
  1980 – "Sing for your Sister: the Structure and Performance of Suyá Akia", in *The Ethnography of Musical Performance*. Org.: Norma McLeod e Marcia Herndon. Norwood, Pa.: Norwood Editions.
Tambiah, Stanley
  1985 – *Culture, Thought, and Social Action: an Anthropological Perspective*. Cambridge and London: Harvard University Press.
Turner, Victor
  1974 – O *processo ritual: estrutura e antiestrutura*. Coleção Antropologia, nº 11. Petrópolis: Editora Vozes.
Oliven, Ruben
  1987 – "A mulher faz e desfaz o homem", in *Ciência Hoje*, vol. 7, nº 37.

4. EM TORNO DA REPRESENTAÇÃO DE NATUREZA NO BRASIL: PENSAMENTOS, FANTASIAS E DIVAGAÇÕES

Arendt, Hannah
  1963 – *Da revolução*. São Paulo: Editora Ática.
Barbosa, Lívia
  1992 – *O jeitinho brasileiro*. Rio de Janeiro: Editora Campus.
Barbosa, Lívia e Drummond, José Augusto
  1991 – "Os direitos da natureza numa sociedade relacional: reflexões sobre a ética ambiental". Mimeo.
Buarque de Holanda, Sérgio
  1985 – *Visão do paraíso*. São Paulo: Cia. Editora Nacional.
  1982 – *Raízes do Brasil*. Rio de Janeiro: Livraria José Olympio Editora.

REFERÊNCIAS

Câmara Cascudo, Luís da
1962 – *Dicionário do folclore brasileiro*. Rio de Janeiro: Ministério da Educação e Cultura/Instituto Nacional do Livro.
Carvalho, José Murilo de
1990 – *A formação das almas*. São Paulo: Companhia das Letras.
Costa, Alberto C.G.; Kottak, Conrad P.; Prado, Rosane M.; Stiles, John
1991 – "Ecological Awareness and Risk Perception in Brasil", in *Cultural, Environment and Development: Interdisplinary Perspectives on Critical Issues. Bulletin of the National Association of Practicing Anthropologists*. Org.: Pamela Puntenney. Washington: American Anthropological Association.
DaMatta, Roberto
[1967] 1973 – "La *panema*: un Essai d'Analyse Structurale", in *L'Homme*. Tome VII, nº 3. Tradução brasileira em *Ensaios de antropologia estrutural*. Petrópolis: Editora Vozes. Coleção Antropologia, nº 3.
1979 – *Carnavais, malandros e heróis: para uma sociologia do dilema brasileiro*. Rio de Janeiro: Editora Guanabara.
1987 – *Relativizando: uma introdução à antropologia social*. Rio de Janeiro: Editora Rocco.
1988 – "Brasil: uma nação em mudança e uma sociedade imutável? Considerações sobre a natureza do dilema brasileiro", in *Estudos históricos*, vol. 1, nº 2.
1991 – *A casa & a rua*. Rio de Janeiro: Editora Guanabara.
Douglas, Mary
1992 – *Risk and Blame: Essays in Cultural Theory*. London and New York: Routledge.
Dumont, Louis
1979 – *Homo Hierarchicus: The Caste System and its Implications*. Chicago and London: The University of Chicago Press.
Durkheim, Émile
[1914] 1975 – *A ciência social e a ação*. São Paulo: Difel.
Dupuy, Jean-Pierre
1980 – *Introdução à crítica da ecologia política*. Rio de Janeiro: Civilização Brasileira.

Faoro, Raymundo
 1957 – *Os donos do poder*. Rio de Janeiro, São Paulo e Porto Alegre: Editora Globo.

Friederici, Georg
 1967 [1936] – *Caráter da descoberta e conquista da América pelos europeus*. Rio de Janeiro: Instituto Nacional do Livro.

Freyre, Gilberto
 1989 – *Casa-grande & senzala*. Rio de Janeiro: Distribuidora Record.

Guerreiro, Viegas M. e Nunes, Eduardo
 1974 – *Pero Vaz de Caminha – Carta a El-rei D. Manuel sobre o achamento do Brasil (1º de maio de 1500)*. Lisboa: Imprensa Nacional-Casa da Moeda.

Hirschman, Albert
 1961 – "Ideologies of Economic Development in Latin America", in *Latin American Issues: Essays and Comments*. Org.: Albert Hirschman. New York: The Twentieth Century Fund.
 1979 – *As paixões e os interesses*. Rio de Janeiro: Editora Paz e Terra.

Júlio Ribeiro
 [1888] s.d. – *A carne*. Rio de Janeiro: Livraria Para Todos.

Lévi-Strauss, Claude
 1975 – *Totemismo*. Petrópolis: Editora Vozes.

Lynn, Kenneth S. (Org.)
 1965 – *A sociedade americana*. Rio de Janeiro: Distribuidora Record.

Mauro, Frédéric
 1980 – *O Brasil no tempo de Dom Pedro II*. São Paulo: Companhia das Letras.

Mauss, Marcel
 1974 – *Sociologia e antropologia*. São Paulo: Editora Pedagógica e Editora da Universidade de São Paulo.

Moog, Vianna
 1956 – *Bandeirantes & pioneiros*. Rio de Janeiro, Porto Alegre e São Paulo: Editora Globo.

Polanyi, Karl
 1980 – *A grande transformação: as origens da nossa época*. Rio de Janeiro: Editora Campus.

Sahlins, Marshall
1979 – *Cultura e razão prática*. Rio de Janeiro: Zahar.
Saraiva, A. José
1982 – *A cultura em Portugal: teoria e história*. Livraria Bertrand.
Tambiah, Stanley
1990 – *Magic, Religion and the Scope of Rationality*. Cambridge: Cambridge University Press.
Thomas, Keith
1988 – *O homem e o mundo natural*. São Paulo: Companhia das Letras.
Turner, Victor
1974 – *O processo ritual: estrutura e antiestrutura*. Petrópolis: Editora Vozes.
Ventura, Roberto
1967 – *A ética protestante e o espírito do capitalismo*. São Paulo: Pioneira.
Weber, Max
1991 – *Estilo tropical: história cultural e polêmicas literárias no Brasil*. São Paulo: Companhia das Letras.

5. PARA UMA ANTROPOLOGIA DA TRADIÇÃO BRASILEIRA (OU: A VIRTUDE ESTÁ NO MEIO)

Almond, Gabriel A. and Verba, Sidney
1963 – *The Civic Culture: Political Attitudes and Democracy in Five Nations*. Boston: Little, Brown and Company.
Anderson, Charles W.
1964 – "Toward a Theory of Latin American Politics", Occasional Paper Nº 2, Graduate Center for Latin American Studies, Vanderbilt University.
Arendt, Hannah
1988 – *Da revolução*. São Paulo: Editora Ática.
Barbosa, Lívia
1992 – *O jeitinho brasileiro: a arte de ser mais igual que outros*. Rio de Janeiro: Editora Campus.

Bellah, Robert
   1975 – *The Broken Convent: American Civil Religion in Time of Trial*. New York: The Seabury Press.
Beidelman, Thomas
   1961 – "Right and Left among the Kaguru: A Note on Symbolic Classification". *Africa*, vol. 31, nº 3, pp. 250-7.
Bercovitch, Sacvan
   1978 – *The American Jeremiad*. Madison: The University of Wisconsin Press.
DaMatta, Roberto
   1979 – *Carnavais, malandros e heróis: para uma sociologia do dilema brasileiro*. Rio de Janeiro: Zahar/Editora Guanabara.
   1981 – *Relativizando: uma introdução à antropologia social*. Rio de Janeiro: Editora Rocco.
   1983a – "Para uma teoria da sacanagem", in *A arte sacana de Carlos Zéfiro*. Rio de Janeiro: Editora Marco Zero.
   1985 [1987] – *A casa & a rua: espaço, cidadania, mulher e morte no Brasil*. 2ª ed., Rio de Janeiro: Editora Guanabara.
   1986a – *O que faz o brasil, Brasil?*. Rio de Janeiro: Editora Rocco.
   1986b – *Explorações: ensaios de sociologia interpretativa*. Rio de Janeiro: Rocco.
Davis, Natalie Z.
   1975 – *Society and Culture in Early Modern France*. Stanford: Stanford University Press.
Degler, Carl
   1971 – *Neither Black nor White: Slavery and Race Relations in Brazil and the United States*. New York: The Macmillan Company.
Dumont, Louis
   1970 – *Homo Hierarchicus*. Chicago: The University of Chicago Press.
   1970a – *Religion, Politics and History in India*. The Hague: Mouton & Co.
   1986 – *Essays on Individualism: Modern Ideology in Anthropological Perspective*. Chicago: The University of Chicago Press.
Gellner, Ernest
   1987 – *Culture, Identity, and Politics*. Cambridge University Press.

Goody, Jack
  1986 – *The Logic of Writing and the Organization of Society*. Cambridge: Cambridge University Press.
Hambloch, Ernest
  1981 – *Sua Majestade o presidente do Brasil: um estudo do Brasil Constitucional* (1889-1934). Editora Universidade de Brasília.
Hobsbawn, Eric J.
  1977 – *A era das revoluções* (1789-1848). Rio de Janeiro: Paz e Terra.
Leach, Edmund
  1959 [1961] – *Rethinking Anthropology*. London: The Athlone Press University of London.
Morse, Richard M.
  1964 – "The Strange Career of Latin American Studies", *Annals of the American Academy of Political and Social Studies*, CCCLVI (November).
  1982 – *El Espejo de Próspero*. México: Siglo XXI.
Myrdal, Gunnar
  1944 [1962] – *An American Dilemma: The Negro Problem and Modern Democracy*. New York: Pantheon Books.
Nabuco, Joaquim
  1949 – *Minha formação*. Rio de Janeiro, São Paulo, Porto Alegre: W. M. Jackson Inc.
Needham, Rodney
  1973 – *Right and Left. Essays in Symbolic Classification*. Chicago: The University of Chicago Press.
Oliveira Vianna, Francisco José
  1923 – *Pequenos estudos de psicologia social*. São Paulo: Monteiro Lobato & Co. Ed.
  1974 – *Instituições políticas brasileiras*. Rio de Janeiro – São Paulo: Record/Fundação Oliveira Vianna – Governo do Estado do Rio de Janeiro.
Parsons, Talcott
  1958 – "The Pattern of Religious Organization in the United States", Doedalus.

Rosa, Alcides
   1957 – *Noções de direito civil*. Rio de Janeiro: Editora Aurora.
Sahlins, Marshall
   1979 – *Culture and Practical Reason*. Chicago: The University of Chicago Press.
Schmitter, Philippe C.
   1971 – *Interest Conflict and Political Change in Brazil*. Stanford: Stanford University Press.
Schwarz, Roberto
   1977 – *Ao vencedor as batatas: forma literária e processo social nos inícios do romance brasileiro*. São Paulo: Duas Cidades.
Tambiah, Stanley
   1973 – "Buddhism and this Worldly Activity", *Modern Asian Studies*, 7, 1, pp. 1-20.
Tcherkézoff, Serge
   1987 – *Dual Classification Reconsidered*. Cambridge University Press/ Editions de la Maison des Sciences de l'Homme.
Velho, Otávio
   1985 – "As bruxas soltas e o fantasma do funcionalismo", *Dados*, vol. 28, nº 3.
Warner, Lloyd W.
   1959 – *The Living and the Dead: A Study of the Symbolic Life of Americans*. New Haven and London: Yale University Press.
Wiarda, Howard J.
   1973 – "Toward a Framework for the Study of Political Change in the Iberic-Latin Tradition: The Corporative Model", *World Politics*, XXV, Jan.

6. EM TORNO DA MATRIZ DA INFLAÇÃO: NOTAS SOBRE INFLAÇÃO, SOCIEDADE E CIDADANIA

Amadeo, Edward J.
   1991 – "Institutional Constraints to Economic Policies: Wage Bargaining and Stabilization in Brasil". Helen Kellogg Institute for International Studies. Working paper.

REFERÊNCIAS

Barbosa, Lívia
- 1992 – *O jeitinho brasileiro: a arte de ser mais igual que os outros*. Rio de Janeiro: Editora Campus.

Campos, Roberto
- 1992 – "As cobaias do fisco", artigo em *O Globo*, edição de 14 de junho de 1992.

DaMatta, Roberto
- 1979 – *Carnavais, malandros e heróis: para uma sociologia do dilema brasileiro*. Rio de Janeiro: Editora Guanabara. 5ª edição, 1991.
- 1987 – *A casa & a rua: espaço, cidadania, mulher e morte no Brasil*. Rio de Janeiro: Editora Guanabara.
- 1991 – *O que faz o brasil, Brasil?*. Rio de Janeiro: Editora Rocco.

Eliade, Mircea
- 1991 – *Mefistófeles e o andrógino*. São Paulo: Martins Fontes.

Fernandes, Rubem César
- 1992 – "Dinheiro na mão é vendaval" in "Ideias", *Jornal do Brasil*. Edição de 25 de julho.

Giddens, Anthony
- 1990 – *The Consequences of Modernity*. Londres: Polity Press/Brasil Blackwell.

Laraia, Roque
- 1992 – "Repensando o nepotismo". Comunicação apresentada no Grupo de Trabalho "Aspectos obscuros de parentesco", organizado por Maria Cecília Costa, para a XVIII Reunião Brasileira de Antropologia em Belo Horizonte.

Hirschman, Albert O.
- 1981 – "The Social and Political Matrix of Inflation: Elaborations on the Latin American Experience" e "Authoritarianism in Latin America", ambos publicados em *Essays in Trespassing: Economics to Politics and Brazil*. Cambridge: Cambridge University Press.

Polanyi, Karl
- 1980 – *A grande transformação: as origens da nossa época*. Rio de Janeiro: Editora Campus.

Taussig, M.
1983 – *The Devil and Commodity Fetishism in South America*. Chapel Hill: The University of North Carolina Press.

Simmel, Georg
1990 – *The Philosophy of Money*. London and New York: Routledge.

Velho, Otávio Guilherme
1976 – *Capitalismo autoritário e campesinato: um estudo comparativo a partir da fronteira em movimento*. São Paulo: Difel.

7. OS DISCURSOS DA VIOLÊNCIA NO BRASIL

Adorno, Sérgio
1988 – *Os aprendizes do poder: o bacharelismo liberal na política brasileira*. Rio de Janeiro: Paz e Terra.

Barbosa, Lívia
1992 – *O jeitinho brasileiro: a arte de ser mais igual que os outros*. Rio de Janeiro: Editora Campus.

Berman, Harold
1983 – *Law and Revolution: The Formation of the Western Legal Tradition*. Cambridge and London: Harvard University Press.

Cardoso, Ruth
1978 – "Sociedade e poder: representações dos favelados de São Paulo", *Ensaios de opinião*. Vol. 6, Rio de Janeiro.

Carvalho, José Murilo de
1990 – *A formação das almas: o imaginário da República no Brasil*. São Paulo: Companhia das Letras.

DaMatta, Roberto
1979 – *Carnavais, malandros e heróis: para uma sociologia do dilema brasileiro*. Rio de Janeiro, Zahar, 3ª ed., 1981.
1981 – *Relativizando: uma introdução à antropologia social*. Petrópolis, Vozes.

de Tocqueville, Alexis
1969 – *Democracia na América*. São Paulo: Companhia Editora Nacional.

REFERÊNCIAS

Durkheim, Émile
  1960 (1895) – *As regras do método sociológico*. São Paulo: Companhia Editora Nacional.
  1973 (1897) – *O suicídio*. São Paulo: Editora Abril (Coleção Os Pensadores, nº XXXIII).
Evans-Pritchard, E. E. (Sir)
  1937 – *Witchcraft, Oracles and Magic among the Azande*. Oxford: Clarendon Press.
Faoro, Raymundo
  1975 – *Os donos de poder: formação do patronato político brasileiro*. Porto Alegre: Globo; São Paulo: Companhia Editora Nacional.
Kant de Lima, Roberto
  1991 – "Ordem pública e pública desordem: modelos processuais de controle social de uma perspectiva comparada", in *Anuário Antropológico*/88:21-44.
Moisés, José Álvaro & Martinez-Alier, Verena
  1978 – "A revolta dos suburbanos ou patrão, o trem atrasou", Cedec/Paz e Terra.
O'Donnell, Guillermo
  1986 – "As forças armadas e o Estado autoritário do Cone Sul da América Latina", Cap. 2, em *Contrapontos: autoritarismo e democratização*. São Paulo: Edições Vértice.
Pearson, Geoffrey
  1978 – "Goths and Vandals: Crime in History", in *Criminology Yearbook*, Ed. por Sheldon Messinger & Egon Bittner. London-Beverly Sage Publications.
Polanyi, Karl
  1980 (1944) – *A grande transformação: as origens da nossa época*. Rio de Janeiro: Editora Campus Ltda.
Sahlins, Marshall
  1979 – *Cultura e razão prática*. Rio de Janeiro: Zahar.
Santos, Wanderley Guilherme
  1979 – *Cidadania e justiça: a política social na ordem brasileira*. Rio de Janeiro: Editora Campus.

Schwartz, Stuart B.
1979 – *Burocracia e sociedade no Brasil colonial: a Suprema Corte da Bahia e seus juízes: 1609-1751*. São Paulo: Perspectiva.

Schwartzman, Simon
1975 – *São Paulo e o Estado nacional*. São Paulo: Difel.

Souto Maior, Armando
1978 – *Quebra-quilos: lutas sociais no outono do Império*. São Paulo: Companhia Editora Nacional, Coleção Brasiliana, vol. 366.

Unger, Roberto Mangabeira
1979 – *O direito na sociedade moderna*. Rio de Janeiro: Civilização Brasileira.

Velho, Otávio Guilherme
1976 – *Capitalismo autoritário e campesinato: um estudo comparativo a partir da fronteira em movimento*. São Paulo: Difel.

Impressão e Acabamento:
EDITORA JPA LTDA.